AI로 뒤집자!

AI로 뒤집자!

발행일	2025년 9월 23일
지은이	남창호
펴낸이	손형국
펴낸곳	(주)북랩
출판등록	2004. 12. 1(제2012-000051호)
주소	서울특별시 금천구 가산디지털 1로 168, 우림라이온스밸리 B동 B111호, B113~115호
홈페이지	www.book.co.kr
전화번호	(02)2026-5777
팩스	(02)3159-9637
ISBN	979-11-7224-876-5 03370 (종이책) 979-11-7224-877-2 05330 (전자책)

잘못된 책은 구입한 곳에서 교환해드립니다.
이 책은 저작권법에 따라 보호받는 저작물이므로 무단 전재와 복제를 금합니다.
이 책은 (주)북랩이 보유한 리코 장비로 인쇄되었습니다.

작가 연락처 문의 ▶ ask.book.co.kr
전용 게시판에 문의를 남기시면 저자에게 직접 전달됩니다.

(주)북랩 성공출판의 파트너

북랩 홈페이지와 SNS에서 다양한 출판 솔루션을 만나 보세요!

홈페이지 book.co.kr   •   블로그 blog.naver.com/essaybook   •   출판문의 text@book.co.kr
카톡채널 북랩

AI로 세우는
상식과 정의의 나라

AI로
뒤집자!

남창호 지음

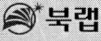
북랩

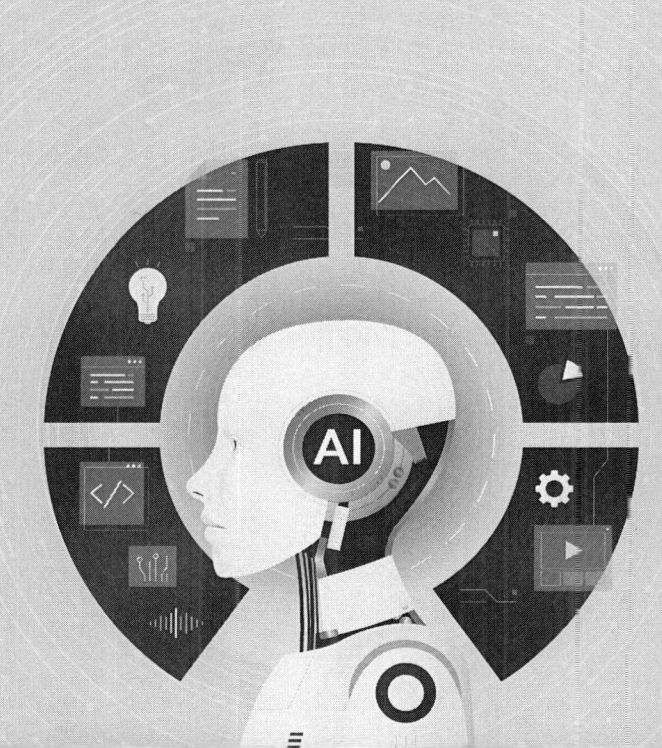

프롤로그

2024년 12월 3일, 비상계엄이 선포되었다.

3년은 너무 길다면서도 2년 남짓의 시간마저 그럭저럭 보냈다면, 대한민국은 회복하기 힘든 더 깊은 수렁에 빠졌을 것이다.

계엄 이후 입법, 사법, 행정부를 비롯한 우리 사회의 전체적인 문제들이 적나라하게 드러난 계기가 되었다는 것을 그나마 다행스럽게 생각한다.

검찰과 언론 개혁만 제대로 해내면 우리 사회가 공정하게 돌아갈 수 있을 것이라는 공감대가 형성되어 가던 중이었다.

그러나 계엄 이후 탄핵과 내란 사태 재판의 진행 과정을 애태우며 지켜보던 시민들은 헌법 전문가가 되었다가, 어느새 파기 환송, 파기 자판, 상고 신청 절차를 논의하는 법률까지 공부하게 되었다.

오랫동안 비상식적인 법원의 판결에 고개를 저은 적도 많았지만, 그래도 사법부는 우리 사회 최후의 보루라는 막연한 기대를 하면서 지켜만 보던 국민을 각성시키는 계기가 된 것이다.

법은 상식의 최소한이며 만인에게 평등하다고 배웠는데, "대한민국의 법은 만 명에게 평등하다"라는 노회찬의 어록을 자주 떠올리는 요즘이다. 이는 만 명에게 평등하다는 말이 아니라, 만 명의 기득권 세력을 위해 법을 활용한다는 뜻이라는 걸 실감한다.

법치라는 이름으로 우리 사회를 좀먹고 있는 기득권의 실체를 똑똑히 확인하는 역사적 시간을 보내고 있다.

우리 사회가 안고 있는 가장 큰 문제는 일반 시민들의 기본 상식에 어긋나는 많은 일들이 정치, 사법, 언론, 교육 등 모든 분야에서 수시로 벌어지고 있는데도, 이를 바로잡을 객관적인 시스템이 없다는 것이다.

우리 사회에 숨어 있던 적폐들이 속속들이 드러나는 이때, 이런 문제들을 해결하는 도구로 인공지능을 적극적으로 활용해야 한다는 생각에 급히 책을 쓰게 되었다.

대한민국의 IT 기술과 인프라는 세계가 인정한다. 대부분의 원천기술은 미국에서 나오지만, 이를 활용하는 애플리케이션 개발 기술은 우리가 미국에 결코 뒤지지 않는다.

세계시장을 장악한 구글이 한국에선 네이버나 카카오의 벽을 넘어

서지 못하고, MS오피스도 한컴오피스에 밀리는 유일한 시장이다. 내비게이션은 미국의 기술이지만 위치 기반 서비스들을 가장 먼저 개발하고 상품화한 것은 한국 기업들이었다.

이런 사례는 숱하게 많다. 그래서 우리가 인공지능 시대에도 미국과 경쟁하며 시장을 주도할 것이라고 확신했었다.

대한민국은 세계 최강의 반도체 기술을 가지고 있으며, 늘 세계시장 진출에 문제가 되던 언어 문제도 인공지능으로 해결되어 가고, 한류 열풍으로 한글의 세계화도 활발히 진행되던 때인지라 당연히 그럴 거라 믿었다.

2022년 ChatGPT 발표 이후 모든 기술이나 투자가 인공지능으로 통합되어 가며 시장이 막 열려 가던 이 무렵, 국내에서도 디지털 뉴딜 정책의 하나로 데이터 댐 사업이 시작되었다.

이 사업은 데이터 경제를 활성화하고 인공지능 기술의 발전을 지원하기 위해 정부가 추진한 프로젝트로, IT 기업과 연구원에게 많은 혜택을 주었으며, 새로운 일자리도 만들어 가던 중이었다. 그런데 이를 본격적으로 연구·개발하고 활성화해야 할 가장 중요한 시기를 연구·개발 예산 삭감, 의료 분쟁 등 시대에 역행하는 정책들로 허송했다.

인공지능 산업 발전을 위해서 모든 국가가 정책 지원에 총력을 다하고, 특히 우리 기술을 가장 많이 수입하던 중국은 AI 산업을 국가 전략 기술로 지정하여 강력한 지원 정책을 펼쳐 이제 미국과 겨룰만한 AI 강국이 되었다는 사실은 뼈아프다.

지금 한국 사회는 곳곳에서 시스템 붕괴의 경고를 보내고 있다.

여러 영역에서 체감되는 불신은 더 이상 기존의 시스템에 기대어 해결할 수 없다.

최근 온 국민의 시간을 빼앗고 애를 먹였던 사법부에 우선하여 인공지능 시스템을 도입해야 한다는 생각이다.

유럽의 작은 나라 에스토니아는 이미 AI 판사 제도를 도입하여 세계의 관심을 받고 있다. 이 시스템은 소액 분쟁 사건에 도입되어 법원의 업무 효율성을 크게 높였고, 판결의 일관성과 공정성을 확보했다는 평가를 받고 있다.

인간 판사는 자신의 경험, 편견 그리고 당시의 감정 상태에 영향을 받을 수 있지만, AI 판사는 순전히 법과 사실 관계에 기초해 결정을 내린다.

기업들은 자신의 생존과 경쟁력을 위해 이미 AI 기술을 적용하여 성과를 내고 있지만 정부 차원의 대응은 보이지 않는다.

새로운 정부는 AI 기반의 객관적이고 투명한 제도를 각 분야에 속도감 있게 도입해야 한다.

동시에 개인은 나에게 필요한, 나만의 AI 활용법을 익혀 스스로 질문하고 검증하는 학습을 통해 새로운 시대에 적응하는 법을 배우는 것이 필요한 때다.

인공지능은 이제 전문가만의 기술이 아니라, 모든 사람이 일상에서 활용해야 하는 필수적인 도구가 되어 가고 있다.

IT 분야 현업에서 은퇴한 후, 실리콘 밸리에서 검증된 기술들을 국내 기업에 소개하고, 틈틈이 강의도 하면서 많은 질문들을 받는다.

　하루가 다르게 발전하고 새로운 기술들이 나오는 때라 모든 것들을 따라가기는 불가능하다.

　나는 이제 업무적으로 AI를 활용하기보다는 개인적인 용도로 나에게 필요하고, 내가 궁금해하면서도 그동안 누구 와도 쉽게 하지 못한 질문들을 던지고 들으면서 나날이 똑똑해지는 AI에 놀라워한다.

　지금은 정치보다 기술이 사회 변화를 주도하는 시대다.

　인공지능 시대에 국가와 기업은 이를 활용하여 전반적인 사회구조를 변화시켜야 한다. 또한 각 개인은 새로운 기술 시대에 적응하고 함께 살아가기 위해 변화를 수용하고, 배우는 노력을 해야 한다.

　그렇게 될 때 비로소 우리 사회는 진정한 상식과 정의 위에서 재도약할 수 있을 것이다.

목차

프롤로그   4

1장   우리 사회에 필요한 인공지능

국가 시스템을 뒤집어라!   12
'유전무죄 무전유죄'를 뒤집자   29
'인간 교육'을 시켜라   50
팩트 체크는 AI 언론의 기본   67
국방은 더 이상 성역이 아니다   85

2장   내가 체험하는 AI

일단, 질문을 시작하자   100
한국 IT 산업의 진화와 인공지능 시대의 과제   112
기술 변화와 사회적 합의   123
AI와 함께한 현대사 토론   132
항쟁의 세월   143

3장   AI 혁명 vs AGE 혁명

장수 시대에 필요한 AI   156
AI 혁명의 시대   168
AI 시대 디지털 리터러시   184

에필로그   199

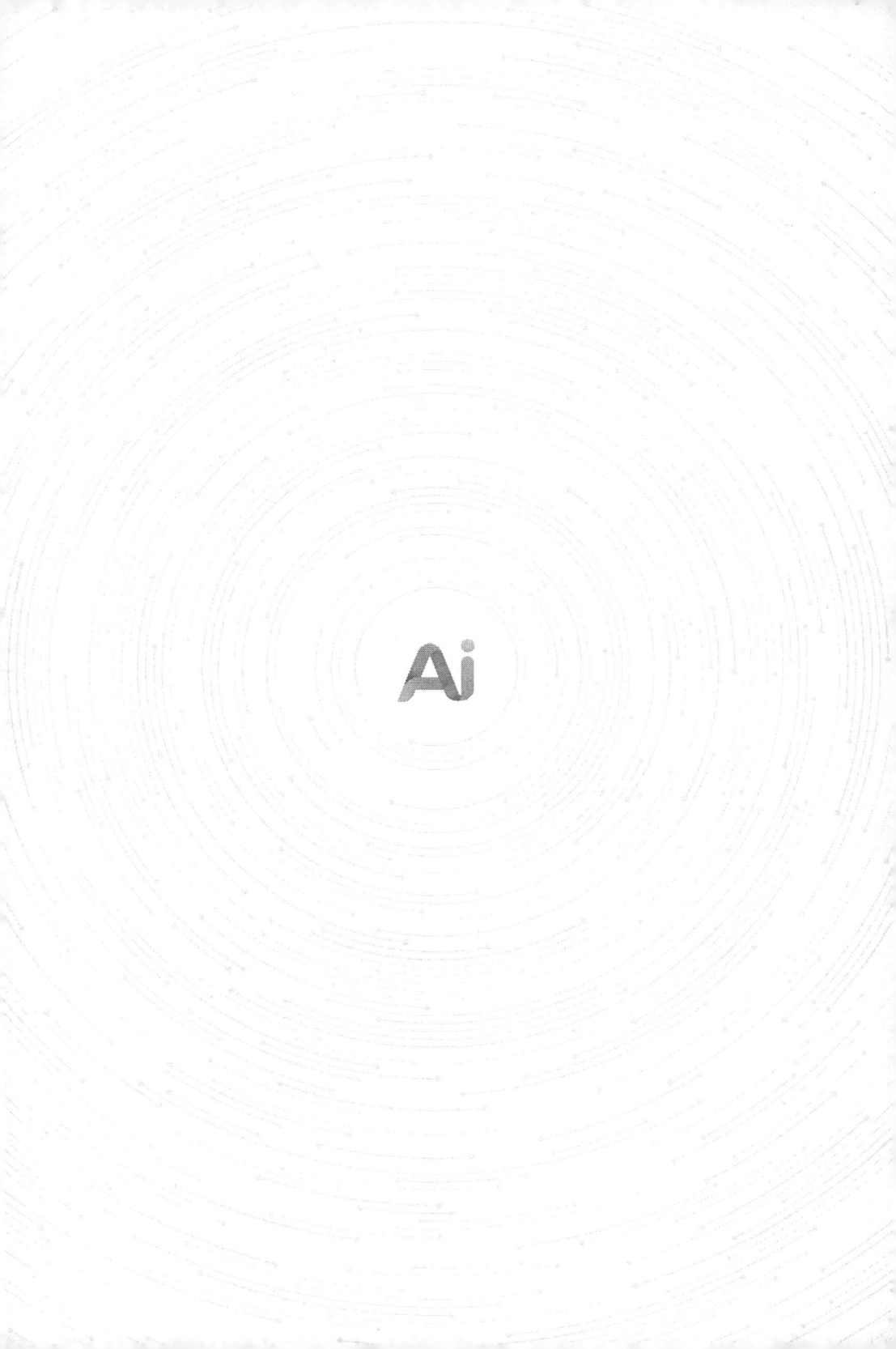

1장

우리 사회에 필요한 인공지능

국가 시스템을
뒤집어라!

어릴 적부터 늘 의문을 품게 하는 짧은 문장이 하나 있다.
'잘산다'라는 말이다.
현재 진행형인 이 말의 뜻은 돈이 많아 부유하게 살고 있다는 것이다.
그러나 고인이 된 어떤 사람에게 '그 사람 잘 살았다'라고 이야기한다든가, 어린 자녀나 손주들에게 '그놈 앞으로 잘 살 거야'라고 하면 뜻이 확 달라진다.
'잘 산다'라는 말을 과거나 미래에 적용하면 인간적으로 훌륭하고 행복하게 사는 것을 의미한다면, 지금 기준으로는 단순히 돈이 많다는 뜻이다.
예나 지금이나 우리 현실에서는 돈이 모든 이의 삶을 판단하는 절대적 기준이다. 사람의 가치도, 성공의 척도도 물질적 풍요로만 판단하는 황금만능주의 사회에서 우리는 살아가고 있다.
한국 사회는 돈과 권력을 생존의 조건으로 여기는 왜곡된 가치관에 사로잡혀 있다. 빈곤은 수치로 낙인찍히고, 경쟁에서 뒤처진 약자는 철저히 외면당한다.

우리는 끊임없이 성장해야 하고, 더 많이 가져야 한다는 강박에 시달려 왔다. 하지만 정작 중요한 질문은 애써 외면한다.

"이게 정말 잘 사는 길인가?"

"나는 지금 행복한가?"

한국의 자살률은 OECD 국가 중 가장 높고, 삶의 만족도는 최하위권에 머물러 있다. 물질적 풍요는 늘었지만, 마음은 점점 더 메말라가고 있다. 이 모순을 직시하지 않는 한 '잘 산다'라는 말은 공허한 외침으로 남을 것이다. 우리는 이제라도 이 현실을 똑바로 바라보고 변화를 시작해야 한다.

개인의 인생만이 아니라 대한민국의 역사 또한 비슷하다.

우리는 내일이면 과거가 될 오늘을 살아가며 불확실한 미래를 마주하면서, 중요한 문제는 늘 내일로 미루어 왔다. '역사에 맡기자', '역사가 심판할 것이다'라는 허무한 구호 속에 과거는 애써 묻으려는 오늘이 계속되었다.

가까운 이태원 참사부터 세월호 사고 그리고 5·18 민주화운동에 이르기까지, 우리 사회는 수많은 중대한 사건들의 진실 규명에 실패했다. 정권이 바뀔 때마다 조사위원회가 구성되었지만, 기본적인 사실 확인조차 이루어지지 못하는 경우가 반복되었다.

이는 해방 이후 친일 청산에 실패했던 반민특위의 전철을 밟는 것과 같다. 우리의 아픈 역사인 반민특위는 종종 나치 부역자를 처단한 프랑스의 사례와 비교된다.

우리의 반민특위에 해당하는 프랑스의 최고재판소는 1945년부터 1960년까지 15년간 나치에 부역한 70여만 명을 법정에 세웠고, 2만 명 이상에게 사형을 집행했다고 한다. 또한 '어제의 범죄를 벌하지 않는 것은 내일의 범죄자에게 용기를 주는 것'이라는 원칙에 따라 공소시효 없이 계속되어 온 역사적 심판은, 1998년 심판의 칼바람을 용케 피해 승승장구하며 장관까지 지낸 94세의 노인에게 징역 10년형을 확정 판결 하기도 했다.

이러한 역사 청산의 노력은 각각 다른 형태지만 베트남, 필리핀, 미얀마 등 동남아 국가에서도 공통으로 나타났는데, 유독 대한민국에서만 일제 부역자들이 처벌받지 않았다. 그 결과, 정치, 경제, 군사, 정보, 사법, 언론, 교육 등 모든 분야에 친일 기득권 세력이 뿌리내렸다.

지금은 우리가 늘 새로운 세상을 기대하면서 세우는 정권보다 기술이 사회를 더 크게 변화시키는 시대다. 인터넷과 스마트폰은 이미 세상을 혁명적으로 바꾸어 놓았다. 사람들의 소통 방식, 정보 습득 방법, 경제 활동 패턴이 완전히 달라졌다.

이제 인공지능 기술이 미래 사회를 만들어 가는 시대다.

우리 사회의 많은 문제는 인공지능 기술을 잘 활용하면 개선될 수 있다.

전 세계가 공유하는 객관적인 시스템을 사회 각 분야에 적용해야 한다. 국가 시스템에 인공지능을 도입하여 과거의 오류를 반복하지 않고, 진실을 규명하며, 정의로운 사회를 건설해야 한다. 정부는 이러한 변화를 제도적으로 뒷받침하여 기술의 혜택이 사회 전체에 공정하게 돌아가도록 이끌어야 할 것이다. 인공지능은 과거를 성찰하고 미래를 설계하는 강력한 도구가 될 수 있다.

인간의 언어를 이해하고 스스로 학습하는 생성형 인공지능은 새로운 사회 질서를 만들 것이다. 단순한 정보 검색을 넘어서 사회 분야별 제도의 설계, 분석, 의사 결정까지 AI가 적용되는 시대가 왔다.

정치권은 여전히 과거의 방식으로 문제를 해결하려 한다. 위원회를 만들고, 토론하고, 합의를 시도한다. 하지만 이런 방식만으로는 너무 느리고 비효율적이다. 기술의 발전 속도를 따라가지 못한다. 인공지능은 정치적 과정과는 별도로 객관적인 해답을 제시할 수 있다. 방대한 데이터를 분석해서 최적의 정책 방향을 찾아낼 수 있다.

민주사회에서 언론이나 사법부가 진실에 근거한 팩트 체크 역할을 할 것으로도 기대하지만, 이들의 판단에는 자신의 이해관계나 정치적 성향이 개입된다. 인공지능은 이런 한계를 극복할 수 있다. 감정이나 이해관계 없이 순수하게 사실만을 확인한다.

이들은 늘 진실을 밝혀야 할 책임을 회피하여 국민을 혼란에 빠뜨리는데, 그 대표적 예로 전 국민 듣기평가로 유명했던 '바이든', '날리면' 논란을 들여다보자.

대통령이 미국에서 한 발언이 문제가 되었는데, 당시 대부분 언론이 "바이든은 쪽팔려서 어떡하나"로 보도했다. 그러나 정부는 '바이든'이 아니라 '날리면'이라 말했다고 주장하며 특정 언론사를 상대로 정정 보도 청구 소송을 제기했다. 법적 분쟁에서 재판부는 외부 전문가의 기술적 분석을 통해 '바이든'이라 명확히 밝혀지지 않았다는 판단을 하였다고 결론지었다.

외부 전문가는 아마 언어 전문 연구소나 대학의 교수였을 텐데, 신원은 밝히지 않았다. 전 국민이 쉽게 알아들을 수 있는 한마디 말을 정부는 사법부에, 사법부는 전문가 의견을 빌어서 결론을 낸다. 더구나 언론 대부분은 이 과정에 권력의 눈치를 보며 중립적인 태도를 보인다.

이런 팩트는 인공지능에 맡기면 너무 쉽게 확인할 수 있다. 만약 어떤 인공지능 시스템이 '바이든'과 '날리면'을 구별하지 못한다면 그 회사는 곧 망하는 시대가 되었다.

가짜 뉴스나 허위 정보가 넘쳐나는 시대에 이런 기능은 더욱 필요하다. AI가 자동으로 정보의 신뢰도를 평가해서 알려 주는 국가 시스템이 작동되어야 한다.

대한민국은 지금 인공지능 시대의 문턱에서 심각한 딜레마에 빠져 있다.

세계 최고 수준의 정보통신 인프라와 반도체 기술이 있음에도 AI 활용에서는 개인과 기업, 지역과 부처가 제각각 따로 놀고 있는 현실이다.

이런 상황에서 미국은 국가 차원의 체계적인 AI 투자로 민간에서만 수백억 달러를 끌어모으고 있고, 중국은 2030년까지 AI 산업 1조 달러 창출이라는 명확한 목표를 세우고 정부와 기업, 학계가 하나 되어 달려가고 있다. 반면 우리는 정부 부처마다 서로 다른 AI 정책을 추진하면서 예산은 오히려 대폭 삭감하는 모순적인 상황을 연출해 왔다. 이는 단순한 정책 실패가 아니라 국가의 미래 경쟁력을 위협하는 구조적 위기라고 봐야 한다.

삼성전자와 SK하이닉스가 전 세계 메모리 반도체 시장의 압도적 비중을 차지하고, 전국 어디서나 초고속 인터넷을 사용할 수 있다. 정부의 전자 정부 시스템은 다른 나라들이 벤치마킹할 정도로 앞서 있다. 이런 좋은 인프라를 갖추고도 실제 인공지능 기술 강국이 되지 못하고 있다.

대기업은 대부분 AI를 도입했지만, 중소기업은 아직 미미한 수준이다. 수도권과 지방 간의 격차도 심각하며 개인 차원에서도 마찬가지다. 젊은 세대는 스마트폰으로 각종 AI 서비스를 자연스럽게 사용하지만, 중장년층과 노년층은 AI가 무엇인지도 잘 모르는 경우가 많다.

정부의 AI 정책에는 컨트롤 타워가 없다.

과학기술정보통신부는 AI 기술 개발에, 산업통상자원부는 AI 산업 육성에, 교육부는 AI 인재 양성에, 국토교통부는 자율 주행에, 국방부는 군사 AI 등 각 부서가 필요한 기능에만 매달리고 있어 보인다. 이들을 총괄하고 조정하는 컨트롤 타워는 보이지 않았다. 그러다 보니 부처별로 비슷한 사업을 중복해서 추진하거나 서로 다른 방향으로 가면서 시너지 효과는 전혀 내지 못하고 있다.

더 심각한 것은 정치적 상황에 따라 AI 정책이 좌지우지되고 있다는 점이다. 지난 정부에서는 AI 관련 예산이 대폭 삭감되면서 업계에 큰 충격을 주었다. 민간에서는 AI 투자를 늘리라고 독려하면서 정작 정부는 예산을 줄이는 모순적인 상황이 벌어진 것이다. 이런 비효율적인 구조로는 민간 투자 유치에서도 한계를 드러낼 수밖에 없다. 투자자들 입장에서는 정부 정책이 일관성 없이 바뀌고, 장기적인 비전이 불분명한 상황에서 대규모 투자를 결정하기 어렵기 때문이다.

한국의 AI 인재 유출 문제 또한 매우 심각한 수준이다. 우수한 AI 연구자들이 더 나은 연구 환경과 처우를 찾아 해외로 떠나고 있고, 이공계 최우수 인재들은 의대로 몰리면서 AI 분야 인재 기반이 약화되고 있다.

특히 문제가 되는 것은 과학고나 특목고 출신 학생들의 의대 진학 증가다. 분야별로 특별한 목적을 위해 교육받은 학생들이 의대로 진로를 바꾸면서, 향후 한국의 AI 연구 역량에 큰 타격을 줄 것으로 우려된다.

정부 출연 연구기관에서도 젊은 연구자들의 이탈이 가속화되고 있다. 연구 환경이 열악하고 처우가 개선되지 않으면서, 유능한 연구자들이 민간 기업이나 해외로 떠나는 사례가 늘어나고 있다.

한편으로는 AI로 인한 일자리 변화도 큰 사회적 이슈가 되고 있다. 글로벌 연구 결과들을 종합해 보면, 향후 5-10년 이내에 상당수의 일자리가 AI로 대체될 것으로 예상된다. 특히 단순 반복적인 업무, 매뉴

얼에 따른 업무, 일부 전문직 업무 등이 AI로 대체될 가능성이 높다.

문제는 이런 변화에 대한 사회적 대응 체계가 미흡하다는 점이다. 일자리를 잃게 될 근로자들을 위한 재교육 프로그램은 부족하고, 새로운 일자리 창출을 위한 정책도 체계적이지 못하다. 특히 중소기업 근로자들이나 지방 거주자들은 인공지능 시대 적응 교육에서 소외되고 있어 사회적 격차가 더욱 벌어질 우려가 있다.

대한민국의 디지털 정부 수준은 세계적으로 인정받는다.

국가 전산망의 기본적인 인프라나 시스템 기능은 2019년 OECD 디지털 정부 평가에서 종합 1위였으며, 2022년 UN 전자정부 평가에서도 종합 3위를 했을 정도로 뛰어난 시스템을 갖고 있다.

우리와 비슷하게 디지털 혁신과 전자정부 분야에서 선도적 국가로 알려진 에스토니아는 우리의 국가 전산망에 해당하는 'X-Road' 시스템을 기반으로 인공지능 기술을 활용하여, 모든 공공 데이터를 새로운 형태로 통합 관리하는 대표적인 국가로 떠오르고 있다. 정부는 물론 여러 기관의 데이터를 통합하여 시민들이 쉽게 검색하고 접근할 수 있는 플랫폼을 만들어 투명성을 높이고, 이를 통해 다양한 분야에서 혁신을 끌어내고 있다.

우리의 경우, 정부 부처별 폐쇄적인 데이터 관리로 통합된 서비스나 혁신적인 가치를 만들어 내기가 어렵다. 국회가 요구하는 데이터조차도 이런저런 이유로 공개하지 않고, 이미 디지털화되어 있는 법원 판결문도 대부분 공개하지 않는다.

에스토니아가 인공지능을 활용하여 성공적으로 제도화한 것 중 하나가 AI 판사 시스템인 'JUDGE'이다. 이 시스템은 소액 소송을 자동으로 처리하여 기존 법원에서 평균적으로 몇 달에서 몇 년이 소요되던 판결 기간을 몇 시간이나 며칠로 단축하였다.

JUDGE는 법률 문서를 분석하고 사실 관계를 파악하여 기초적인 판결 내용을 인간 판사에게 제시하여 객관적이며 빠른 판결을 유도한다. 국민에겐 소송 비용이 대폭 줄어들고, 법률 서비스에 대한 접근성이 좋아져 법적 문제를 더욱 쉽게 해결할 수 있도록 하였다. 또한 인간 판사의 업무 부담을 줄여 주며, 판사들은 더 복잡한 사건에 집중할 수 있게 하여 사법 시스템의 효율성을 높이는 데 중요한 역할을 하고 있다.

인공지능 시스템이 진정한 힘을 발휘하려면 객관적이고 보편적인 제도가 뒷받침되어야 한다. 정부는 이를 제도화할 책임이 있다. 사법, 행정, 교육 등 모든 영역에 AI 기반의 투명한 시스템을 도입해야 한다. 이는 권력을 통제하거나 억압하는 도구가 아니라, 국민을 위해 봉사하는 수단으로 작동해야 한다. 사법 시스템에 AI를 적용하면 판결의 편파성을 줄이고 공정성을 높일 수 있다. 교육에서는 기존과 전혀 다른 새로운 교육 시스템을 만들어 낼 수 있으며, 기업의 불공정 관행도 감시할 수 있다. 하지만 국가가 나서지 않는다면 이 강력한 기술은 기득권의 또 다른 활용 도구로 쓰일 수도 있을 것이다.

인공지능 기술은 정부의 모든 정책 결정 과정에 유효하게 활용될 수 있다.

2016년 알파고의 등장은 AI의 학습 능력을 입증하며 기업들의 AI 투자 및 활용을 촉발하는 계기가 되었다. 특히 2022년 생성형 AI인 ChatGPT의 출현 이후, AI는 특정 분야에 국한되지 않는 범용 기술로 자리매김했다. 이러한 변화는 기업들이 기존 사업을 혁신하고, 새로운 영역으로 사업을 확장하며, 궁극적으로 산업 간의 경계도 허무는 결과를 초래한다.

기업들과 모든 국가가 인공지능 시대에 적응하고 대비하는 연구 개발에 집중하는 지난 3년간 대한민국 정부는 "R&D 예산을 복원해 달라"는 과학도의 입을 틀어막고 전혀 대응하지 않았다.

인공지능이 범용 기술로 자리매김했다는 사실은 국가 전략 수립에 있어 과거와 다른 근본적인 변화를 요구한다. 과거 특정 기술 전략이 특정 산업이나 부서에 국한되어 추진되었다면, AI는 그 영향이 국가 시스템 전체에 걸쳐 나타나기 때문에 단편적인 기술 개발이나 특정 산업 육성 정책만으로는 효과적인 대응이 어렵다.

국가 AI 전략이 더 이상 과학기술정보통신부나 산업통상자원부 등 특정 부처의 단독 과제가 아니라, 전 부처가 유기적으로 협력하고 통합적인 관점에서 접근해야 하는 범정부적 과제임을 의미한다. 이는 정책의 수립부터 실행, 평가에 이르는 전 과정에서 부처 간 장벽을 허물고 데이터 공유, 인프라 공동 활용, 인재 양성 프로그램 연계 등 전방위적인 협력 모델이 필요하다는 것이다.

최근 생성형 AI의 등장과 함께 인공지능 기술은 글로벌 산업·사회 전반을 빠르게 혁신하고 있다. 세계 AI 시장 규모는 2023년 약 1,500억 달러에서 2030년 1.8조 달러로 급성장할 것으로 전망된다. 이러한 경쟁적 환경에서 주요 경제권인 미국, EU, 중국은 각기 다른 철학으로 AI 정책을 수립해 왔다.

미국은 정부가 직접 나서기보다는 민간의 혁신 생태계를 체계적으로 뒷받침하는 전략을 취하고 있다. 스탠포드, MIT, 카네기 멜런 같은 대학들이 AI 연구의 허브 역할을 하고, 실리콘밸리의 스타트업들이 끊임없이 새로운 AI 기술을 내놓고 있다. 여기에 구글, 마이크로소프트, 아마존 같은 빅테크 기업들이 막대한 자금을 투입하면서 전 세계 AI 시장을 주도하고 있다. 정부는 이런 민간의 노력을 법·제도적으로 지원하고, 국가 안보와 관련된 부분에서는 적극적으로 개입하는 방식으로 역할을 분담하고 있다.

중국은 정반대 접근법을 취하고 있다. 정부가 강력한 톱다운 방식으로 AI 발전 계획을 수립하고, 바이두, 알리바바, 텐센트 같은 기업들과 긴밀하게 협력하면서 국가 전체를 하나의 거대한 AI 실험실로 만들어 가고 있다. 2030년까지 AI 분야에서 세계 1위가 되겠다는 명확한 목표를 세우고, 이를 달성하기 위해 정부-기업-학계가 일사불란하게 움직이고 있다.

유럽연합은 또 다른 방식을 택했다. AI 기술 경쟁에서는 미국과 중국에 뒤처지고 있지만, 대신 AI 윤리와 규제 분야에서 세계 표준을 만들어 가고 있다. 세계 최초로 포괄적인 AI 법안을 제정하고, '신뢰할 수 있는 AI'라는 개념을 통해 새로운 AI 패러다임을 제시하고 있다.

사회적 공공 서비스 측면에서 미국은 국방·우주 등 전략 분야와 일부 주 정부 행정에 AI를 활용하고 있으나, EU·중국만큼 광범위한 AI 기반 공공 시스템은 아직 부족하다. EU는 의료·교통·복지 서비스에 AI 도입을 실험 중이며, 중국은 법률·도시 인프라 등 다양한 분야에 AI를 적용해 왔다. 개인정보보호에서는 EU가 가장 엄격한 반면, 미국은 제도적 빈틈이 커 기업의 데이터 활용이 자유로운 편이다. 중국은 국가 안보를 명분으로 정부가 정보를 폭넓게 통제한다. 산업 발전 측면에서는 미국과 중국이 막대한 투자와 혁신 성과로 글로벌 AI 시장을 주도하고 있으며, EU는 규제 및 자원 한계로 상대적으로 뒤처진다는 평가가 많다.

글로벌 AI 경쟁에서 각국은 혁신과 윤리적 규제 간 균형을 모색해야 한다. 국제 공조를 통해 안전 규범을 조화시키고, AI 기술을 인류 공익에 이바지하도록 관리하는 것이 전 세계적 과제가 될 것이다.

대한민국은 지금 한발 늦은 인공지능 시대에 대응해야 한다.

세계 최고 수준의 ICT 인프라와 반도체 기술, 빠른 기술 적응력, 글로벌 문화 영향력 등 AI 강국이 되기 위한 모든 조건을 갖추고 있다. 하지만 다른 한편으로는 부처별 칸막이 행정, 정책 일관성 부족, 투자 부족, 지역 간 격차, 인재 유출 등 심각한 문제들도 안고 있다.

지금까지의 각자도생 방식으로는 더 이상 갈 수 없다. 미국이나 중국처럼 체계적이고 일관된 국가 전략을 가진 나라들과 경쟁하려면 우리도 정부와 기업, 시민사회가 모두 힘을 합쳐야 한다.

무엇보다 중요한 것은 명확한 비전과 일관된 전략이다. 한국이 인공지능 시대에 어떤 나라가 되고 싶은지, 그를 위해 무엇을 할 것인지에 대한 국민적 합의가 필요하다. 그리고 이 비전을 달성하기 위해 정부는 강력한 리더십을 발휘하고, 기업은 과감한 투자를 하며, 학계는 혁신적인 연구를 하고, 시민사회는 적극적으로 참여해야 한다.

한국의 강점인 문화 소프트파워와 AI 기술을 결합한다면, 전 세계에서 독특하고 매력적인 AI 생태계를 만들어 낼 수 있을 것이다. 전 세계 한류 팬들이 한국의 AI 기술을 자연스럽게 사용하고, 한국어 AI가 글로벌 스탠다드가 되며, K-콘텐츠가 AI와 결합해서 더욱 혁신적인 모습으로 진화하는 그런 미래 말이다.

최근 큰 인기를 끈 애니메이션 〈케이팝 데몬 헌터스〉는 케이팝이 단순히 음악을 넘어선 강력한 문화 콘텐츠로 자리매김할 수 있다는 것을 보여 주는 좋은 사례다.

창의적인 아이디어에 AI의 효율성이 더해진다면 앞으로 실험적인 케이팝 기반 애니메이션들이 쏟아져 나올 듯하다.

케이팝이 가진 글로벌 파급력에 애니메이션이 주는 시각적 매력을 더하면 K-콘텐츠가 이렇게 발전해 나갈 수 있다는 것을 확인해 준 것이다.

하지만 이런 미래는 저절로 오지 않는다. 지금 당장 행동해야 한다.

부처별 칸막이를 없애고, 투자를 확대하며, 인재를 키우고, 사회적 수용성을 높이는 노력을 지금부터 시작해야 한다. 각자도생의 시대는 끝났다. 이제는 협력과 통합의 시대다.

AI는 더 이상 미래의 기술이 아니라 현실이다. 이 현실에 제대로 대응하느냐 못하느냐에 따라 우리의 미래가 결정될 것이다.

새 정부는 AI 산업을 집중적으로 육성하여 새로운 성장 기반을 구축하겠다는 명확한 목표를 설정했다. 이는 AI 대전환의 속도가 저출산·고령화와 같은 사회구조적 한계 및 저성장 극복과 국가 경쟁력의 관건이 될 것이라는 인식에 기반한다.

김대중 정부가 인터넷 시대를 맞아 국가적 역량을 결집하여 IT 강국을 만들었던 성공 사례는 인공지능 시대에 맞는 새로운 정부 시스템을 구축하는 데 중요한 교훈을 제공한다.

외환 위기라는 국가적 위기 상황 속에서도 초고속 정보통신망 구축에 국가적 역량을 집중하여 광케이블을 설치하고 인터넷 서비스를 보급하는 정보통신산업 육성 전략을 추진하여 세계 최고 수준의 인터넷 보급률을 달성했다. 이러한 투자는 제조업 중심에서 정보통신산업을 주력으로 육성하며 네이버, 카카오 등 거대 IT 기업을 등장할 수 있게 한 역사적 전환점이 되었다.

김대중 정부의 성공 사례는 인공지능 시대에 중요한 교훈을 제공한다. AI는 전 사회적 변혁을 요구하는 만큼, 김대중 정부의 IT 전략처럼 강력한 리더십과 범부처적 추진 동력 확보가 필수적이다. 또한 초고속 인터넷망과 같이 인공지능 시대에는 고성능 컴퓨팅 인프라(GPU), 고품질 데이터 생태계 구축 등 핵심 인프라에 대한 국가적 차원의 대규모 투자가 선행되어야 한다.

예전의 IT 강국 전략이 연결성을 기반으로 한 정보화 사회를 지향했다면, 인공지능 시대의 전략은 지능을 기반으로 한 AI 공존 사회를 지향해야 한다. IT는 주로 정보의 전달과 접근에 중점을 두었지만, AI는 정보의 분석, 판단, 생성 및 자동화된 의사결정을 포함한다. 이에 따라 데이터 프라이버시 침해, 알고리즘 편향성, 일자리 감소, 윤리적 문제 등 IT 시대에는 상대적으로 덜 드러났던 복합적인 사회적 부작용과 도전 과제들이 전면에 부상한다. 따라서 인공지능 시대의 정부 시스템은 단순히 기술 인프라 구축과 산업 육성을 넘어, AI의 사회적 영향(일자리, 윤리, 프라이버시, 격차)에 대한 깊이 있는 이해와 이를 책임감 있게 관리할 수 있는 강력한 체계를 구축하는 것이 중요하다.

국민주권 정부가 대통령실에 AI 미래 기획수석을 신설하고 'AI 주권 국가' 비전을 제시하며 강력한 추진 의지를 보이는 것은 참으로 다행스러운 일이다.

결국 인공지능 시대에 정부는 AI의 객관적이고 투명한 분석 능력을 국가 시스템의 모든 분야에서 적극적으로 활용하여 제도화해야 한다.

국민은 투표할 때만 주권자로 인정받는 것이 아니라 일상의 문제들을 객관적으로 검증하고 알려 주는 시스템을 통해서 주권자의 권리를 행사할 수 있어야 한다.

기술의 발전은 사회와 경제의 수준을 높이는 결과를 가져온다.

인공지능 시대에 관한 많은 연구 결과와 보고서는 인공지능 투자가 소득 불평등을 키운다는 예측을 한다.

인공지능 투자가 클수록 생산성이 높아지며 고급 기술직의 소득 점유율은 높아지고, 하위와 중간 계층의 소득 점유율은 낮아지는 불평등이 확대된다는 것이다.

기존의 기술이 인간의 노동 생산성을 높이는 효과를 가져온 반면, 인공지능 기술은 인간의 노동을 대체하는 방향으로 흘러간다.

한국은 인공지능 기술 수용성이 높으면서도 기본소득제처럼 복지 정책에 대한 논의 수준도 높다. 강력한 분배 정책으로 일자리 불안과 소득 불안을 줄이고, 적극적인 국민 참여를 통해 우리만의 인간 중심 인공지능 기술로 발전시키는 일을 같이해야 할 때다.

유발 하라리는 인공지능 시대의 도전 과제와 기회가 공존하는 현실에서, 우리가 현명한 결정으로 미래를 설계해야 한다고 역설한다.

그는 지금이 인간으로부터 알고리즘으로 권력을 이동시키는 역사적 전환점이며 "AI는 도구가 아니라, 우리의 삶과 문명을 재구성하는 에이전트"라고 한다.

우리 사회에서 가장 우선 해결되어야 할 정치검찰에 대한 개혁은 이미 국민적인 공감대와 새 정부의 강력한 의지로 정리될 것으로 보인다.

    다음 장에서는 최근 적나라한 기득권의 모습을 드러낸 사법부와 우리 사회 모든 불평등의 근본 원인이 되는 교육 시스템에 인공지능 시스템을 활용한 개선이 필요하다는 점을 중점적으로 정리해 본다. 그리고 언론과 뉴스를 공급하는 통로가 된 포털, 우리 역사의 비상시국 때마다 도구로 활용되는 국방 시스템에도 근본적인 변화가 필요하다는 점을 점검해 본다.

'유전무죄 무전유죄'를 뒤집자

사법부는 독립성이 중요하고 일반 시민들의 일상에 크게 영향을 주지 않기 때문에 국민은 애써 사법 제도를 들여다보지 않는다.

그런데 검찰이 정치에 깊숙이 개입한 지난 3년과 특히 비상계엄 이후 대통령 탄핵과 이에 따른 내란 재판, 대법원의 공직선거법 사건 파기 환송 등 일련의 과정들을 지켜보면서 국민은 사법 개혁이 필요함을 절실히 공감했다.

법관이 자신의 권위와 신념에 따라 시민의 삶을 좌지우지하는, 명백한 국민주권 침탈 현상이 반복되어도 국민은 사법부에 직접 목소리를 낼 방법이 없어 무력감을 느낀다.

'유전무죄 무전유죄'라는 냉소적 구호는 국민 다수가 체감하는 현실이다. 재벌 총수와 정치권력자들은 수천억대 범죄에도 집행유예 또는 감형을 받고 빠르게 사회로 복귀한다. 법과 원칙에 따라 공정해야 할 사법부가 특정 권력과 계층에는 '3·5의 법칙'(징역 3년, 집행유예 5년) 등으로 그들의 이익을 대변하여 풀어 주고, 서민이나 가난한 노동자는 사소한 범죄에도 구속되어 장기 수감된다.

'천만 원은 유죄 천억 원은 무죄'가 되는 이유는 법의 정의가 경제력과 권력에 따라 달라지기 때문이다.

대한민국의 사법부는 일반 국민은 한번 보고 말 뜨내기손님으로 취급하는 반면, 대기업이나 권력자는 다시 만날 주요 고객으로 인식하는 것이다.

대한민국의 사법부는 과거에 안주하고 있다. 기득권을 보호하고 기존 질서를 유지하는 데만 관심이 있다. 하지만 시대는 변했고, 국민의 요구도 달라졌다. 주권자인 국민은 더 이상 소수의 권력자가 자의적으로 판단하는 시스템을 용납하지 않는다.

누구나 쉽게 접근할 수 있는 AI 서비스 시스템을 만들어 국민에게 제공해야 한다. AI는 사례 데이터와 각종 판결을 분석하여 과거의 불합리한 판결 패턴을 발견하고, 사법부의 불공정한 판결을 사전에 경고할 수 있다.

인공지능은 국민이 공감하고 국민을 위한 사법 시스템으로, 근본적으로 바꿀 수 있는 강력한 도구로 이용될 수 있을 것이다. 객관성, 투명성, 효율성, 공정성을 높여 국민을 위한 사법 서비스 개선에 활용해야 한다.

사법 시스템은 권력자들의 이익을 지키기 위해서가 아니라, 정의 실현과 사회 발전을 위해 사용해야 한다. 과거의 실패를 반복하지 않기 위해서는 AI의 객관적이고 투명한 분석 능력을 적극적으로 도입해야 한다.

정치적 이해관계나 기득권의 개입 없이 사실과 데이터에 기반한 의사 결정이 가능하게 하는 것이야말로 우리 사법부가 진정으로 거듭날 수 있는 길이다.

AI는 단순한 기술이 아니라 사법 정의를 실현하는 새로운 수단이 되어야 한다.

법은 상식의 최소한이고, 정해진 범위 안에서만 처벌해야 한다.

권력에 의한 과도한 처벌을 막는 것이 법의 존재 이유다. 하지만 대한민국 사법부의 현실은 이런 법치주의의 기본 원칙과 다르다.

대한민국의 법은 만 명에게만 평등하다고 일갈했던 노회찬은 재벌그룹의 정치 자금과 전현직 검사들에 뿌린 비자금을 폭로한 'X-파일' 사건을 세상에 알렸다는 이유로 결국 국회의원직을 상실했다. 또한 이를 심층 취재한 기자 역시 도청된 테이프를 사용했다는 이유로 기소되어 고통을 당했다.

그러나 재벌과 법조계 인사들에 대한 처벌은 이루어지지 않았다.

국민의 알 권리코다는 권력자들의 비리를 건드리면 누구도 무사하지 못한다는 검찰과 법원의 의지를 잘 보여 준 사례다.

당연히 그들은 검찰, 법원의 고위직을 거쳐 전관예우 받으며 잘살고 있을 것이다.

검찰과 법원은 '법의 지배(rule of law)'가 아닌 '법을 이용한 지배

(rule by law)'를 한다. 기득권을 위해 법을 활용한 통치가 일상화되어 권력자들은 자신들에게 유리하게 법을 해석하고 적용한다. 법이 권력을 제한하는 것이 아니라, 권력이 법을 이용해서 통치한다.

사법부에서 가장 신뢰받아 오던 헌법재판소조차 예외가 아니다.

대통령 파면과 그 이후 대선을 치를 때까지 길고 답답한 날들을 보내면서, 우리는 사법부 고위공직자들이 자행하는 행태를 똑똑히 보았다. 나라의 중대한 의사 결정이 이들 몇 명의 손에 의해 뒤집혀질 수 있다는 사실도 체험했다.

헌법재판소는 탄핵 심리가 종결된 이후 한 달 이상 선고 기일을 잡지 않아 전 국민을 애태웠는데, 이는 반대 의견이 있는 몇 명의 재판관을 설득하기 위한 시간이 필요했다는 점이 드러났다. 다행히 전원 일치로 탄핵을 인용하여 역사적인 판결문이란 칭송도 들었지만, 과연 소수의 재판관을 설득하고 그들의 논리를 대변하기 위해 전 국민을 이토록 혼란에 빠뜨려도 되는지 묻지 않을 수 없다. 헌법재판소의 10번째 재판관으로 AI 판사를 제도적으로 임명한다면 이런 혼란은 쉽게 해소될 것이다.

더구나 국민이 두 눈 똑바로 뜨고 뻔히 지켜보고 있음에도 반헌법적인 행위를 반복하는 대통령 권한 대행, 고위공직자, 정치 검사들의 탄핵이 줄줄이 기각되는 것을 보노라면 법으로는 그들을 결코 처벌할 수 없다는 사실을 다시 한번 확인시키는 것도 같다. 그들이 법률을 위반했지만 탄핵할 정도는 아니라는 요지의 판결들인데, 도대체 어느 정도의 범죄를 저질러야 탄핵할 수 있다는 것인지도 알 수가 없다.

검찰은 검사들이 어떤 불법을 저질러도 자신의 식구는 기소하지 않는다. 모든 국민에게 공개된 증거 동영상에 뚜렷이 보이는 얼굴도 검찰만 알아보지 못한다. 마찬가지로 법원은 사법사상 유례가 없었던 전 대법원장 관련 '사법농단 의혹' 사건을 거의 5년 만에 1심에서 무죄를 선고하여 사회적 논란이 일었다.

사법농단에 관련된 고위직 판사들도 대부분 무죄로 끝났다. 법원은 이들에 대한 압수수색 영장을 계속 기각하고, 관련 문서 제출을 거부하며 시간을 끌었다.

검찰의 수사가 미흡할 때 특검을 도입하여 독립적인 수사를 하지만, 특검이 아무리 납득할 만한 결과를 내더라도 결국 최종 판결은 재판부에서 한다.

지금의 사법 시스템은 그동안의 국정농단, 적폐 청산을 위한 특검의 재판 과정에서 정치적·사회적 논란을 일으키고 재판을 지연시키며, 결국 법의 이름으로 개혁을 무력화시키는 모습을 보여 왔다.

국가적으로 중대한 특검을 도입할 때는 반드시 특별재판부를 구성해 공정한 재판이 신속하게 이루어질 수 있도록 해야 한다.

막강한 수사권과 기소권을 독점한 검찰과 사법부는 스스로가 정치권력이 되어 정의의 최후 보루가 아닌 기득권 질서의 수문장 역할을 자처하는 모습을 보여 주었기 때문이다.

대한민국 대법원 vs 헌법재판소 비교표

	대법원	헌법재판소
설립 근거	헌법 제101조	헌법 제111조
설립 연도	1948년	1988년
기관 성격	사법부의 최고 법원	헌법재판을 전담하는 독립 국가기관
위치	서울특별시 서초구 서초동	서울특별시 종로구 재동
주요 역할	- 민사·형사·행정 최종심 - 법령 해석 및 판례 형성	- 위헌법률심판 - 헌법소원심판 - 권한쟁의심판 - 탄핵심판 - 정당해산심판
관할 대상	일반 재판 사건(민사·형사·행정 등)	- 헌법상 권리와 의무, 국가기관 간 권한 분쟁 등 - 헌법 관련 사건
구성	대법원장 1인+대법관 13인(총 14인) - 대법원장 제청, 국회 동의를 받아 대통령이 임명	- 재판관 9인 - 대통령, 대법원장, 국회가 각 3명씩
구성원의 법적 지위	대법원장은 국가의 사법권을 대표하며, 대법관은 헌법상 법관(사법공무원)으로 독립적인 재판권 보장 및 장관급 예우	헌법재판소 재판관은 헌법기관 구성원이며, 재판에 대한 독립된 판단권 보장 및 장관급 예우
임기	- 대법원장: 6년(중임 불가) - 대법관: 6년(중임 가능)	재판관: 6년(중임 가능)
임명 방식	대통령이 임명 (국회 동의 필요)	대통령이 임명 (국회·대법원장 추천 포함)
대표 사례	- 형사·민사 판결 - 사법농단, 대장동 사건 등	- 대통령 탄핵 심판 - 통합진보당 해산 결정 - 낙태죄 위헌결정 등

법원은 이해할 수 없는 법 해석으로 내란 우두머리를 석방하고, 내란 재판을 비공개로 진행하기도 한다. 심지어 대한민국에서 가장 중요한 대통령 선거가 10명의 임명직 대법관의 판단에 좌지우지되는 상황이 발생할 뻔했다.

대한민국의 재판에서는 국민 참여가 완전히 배제되어 있어 모든 분쟁의 결과가 특정 재판관의 결정으로 이루어지다 보니 판사 개인의 주관적 판단이 절대적 기준이 된다. 누구나 이해할 만한 객관적인 검증 시스템이 없는 것이다.

헌법재판관 9명, 대법관 14명은 장관급 대우를 받으며 대한민국 사법의 최종적 의사 결정권을 갖는다. 헌법재판관은 대통령, 국회, 대법원장이 3명씩 추천하여 임명하지만, 13명의 대법관은 전원 대법원장이 제청하여 대통령이 임명한다. 이런 편향적인 임명 방식으로 다양한 성향의 대법관 구성은 불가능하며, 법관들의 인사와 예산까지 관장하는 대법원장은 법원 조직을 장악할 수 있다.

이는 사법기관의 정치적 중립성 훼손은 물론 내부의 독립성과 다양성이 결여되는 현상으로 나타난다.

대법원이 연간 처리해야 하는 사건에 비해 현재 대법관 수가 지나치게 적어 업무 부담이 과중하다고 한다. 이에 따라 판결이 지연되어 피해자들에게 심각한 고통을 주고 있으며, 대부분의 결론은 이유가 명확히 제공되지 않은 기각 결정으로 끝나는 실정이다. 또한 대법원이 이재명 당시 대선 후보의 재판처럼 특정 사건에 대해 신속히 처리하거나, 반대로 지연시키는 과정에서 공정성과 투명성이 부족하다는 점은 국민적 불신을 초래하는 결정적 이유이기도 하다.

사법부의 정치적 중립성 훼손은 2017년 드러난 양승태 사법농단 사건에서 극명하게 나타났다. 대법원이 민간인 사찰과 여론 공작이라는, 국정원이 저지른 불법 행위를 그대로 답습한 것은 사법부가 더 이상 독립적 기관이 아님을 보여 주는 충격적 사건이었다.

상고법원 도입을 위해 법사위 소속 국회의원들에게 로비한 것도 모자라, 상고법원 도입에 우호적이거나 또는 비판적인 현직 국회의원들 동향까지 일일이 파악해서 이들을 활용하거나 견제하려고 했던 정황까지 포착되었다. 이는 사법부가 스스로 정치적 이해관계에 개입했음을 의미한다.

더욱 심각한 것은 양승태와 법원행정처 간부들이 하드디스크를 지우고 증거 인멸을 저지른 정황이다. 증거 인멸은 범죄 행위며, 사법부 스스로가 법을 어기는 모순적 상황을 연출했다.

정치권의 대립이 사법부에까지 영향을 미치면서 판결에 대한 정치적 해석이 난무하고 있다. 서울서부지방법원 점거 폭동이라는, 사실상 진영논리에서 출발한 사법 불신이 실제 사법부에 물리적 피해를 주는 사건까지 발생했다.

이러한 현상은 정치권이 정치적으로 풀어야 할 모든 정치적 갈등을 법의 판단으로 미루면서, 사법부는 본연의 역할인 법률 해석과 적용보다는 정치적 판단을 요구받는 상황에 놓이게 된 측면도 있다.

현행 시스템에서 대법원장과 법원행정처는 막강한 권력을 보유하고 있으며, 이는 개별 법관의 독립성을 침해할 수 있는 구조다.

대법관과 헌법재판관을 비롯한 고위 법관들은 늘 서오남(서울대학교·50대·남성) 일색으로 구성된다.

사법연수원 기수에 따른 수직적 서열 구조는 합리적 토론과 비판을 억압하고, 연동서열 중심의 의사 결정을 강화한다.

법조계는 전형적인 구성원들을 구속하는 배타적인 규율로 유지되며, 외부로부터의 간섭을 거부하는 닫힌 사회의 특징을 보인다.

이러한 폐쇄성은 진입 장벽이 높고 전문성이 높아서, 한번 업계에 들어오면 각종 제약에도 불구하고 은퇴 후에도 관련 계통의 일을 할 수밖에 없는 구조이기 때문이다.

법조인들은 법을 독점적으로 해석하고 적용할 권한을 가지고 있으며, 이를 통해 막대한 사회적 영향력을 행사한다. 국가의 모든 사법적 결정을 내릴 수 있다는 점에서 강한 엘리트주의의 특성이 나타난다.

소수 엘리트 그룹은 그들보다 열등하다고 인식하는 평범한 국민의 상식이나 비판에 크게 신경 쓰지 않는다.

공판중심주의는 대한민국 형사사법 체계의 바탕을 이루는 핵심 원칙이다.

이 원칙은 형사사건의 유무죄에 대한 심증을 법정에서 심리를 통해 형성하고, 법관이 직접 조사한 증거만을 재판의 기초로 삼는다는 것이다. 공개된 법정에서 검사와 피고인이 대등한 당사자로서 증거를 제출하고 증인신문 등을 통해 실체적 진실을 발견하는 것을 본질로 한다.

검찰 수사 방식이 기소 중심적이라는 비판이 꾸준히 제기된다. 이 과정에서 검찰은 피의자를 반복 심문하면서 진술을 받아 내는데, 공소를 유지하는 데 유리한 내용 위주로 조서를 작성한다. 그러나 법관은 이렇게 작성된 조서에 근거하지 않고 법정에서 검찰과 피고인의 입장을 직접 듣고 질문하면서 실체적 진실을 찾아간다는 상식적인 재판 원칙이다.

이러한 공판중심주의는 사법의 투명성과 공정성을 확보하고, 궁극적으로는 국민의 기본권을 보호하며 사법 시스템에 대한 신뢰를 구축하는 데 필수적인 요소다.

그러나 대한민국 사법부에서 공판중심주의가 거의 지켜지지 않는다. 그 원인은 무소불위의 권력을 가진 검찰의 권한 남용과 이를 인정하고 동조하는 재판부, 즉 사법 카르텔이 작동하기 때문이다. 검찰은 대한민국 형사사법 체제에서 오랫동안 대립 당사자가 아닌 막강한 권력을 가진 두려움의 대상으로 군림해 왔다. 검찰은 판사들의 성향을 분석하고 뒷조사하기도 했으며, 필요하면 표적 수사도 할 수 있다.

공판중심주의 성공의 핵심은 법원의 강력한 의지에 달린 것이다. 그러나 법원은 국민의 관심이 많은 정치적 사건이나 시국사건 등에서 검찰의 공소장을 판결문으로 확정해 주는 역할을 해왔다.

수사기관의 지나친 강제수사와 압수·수색 제도의 남용은 공판중심주의를 저해하는 주요 원인이다.

노무현 정부에서 임명된 이용훈 대법원장은 공판중심주의를 재판의 중요한 원칙으로 강조하였다. 당시 그가 법관들의 각성을 촉구하며 남긴 말들은 아직도 사법부에 절실하다.

"법원이 재판 모습을 제대로 갖추려면 검사의 수사 기록을 던져 버려야 한다."

"검사들이 사무실이나 밀실에서 비공개로 받아 놓은 조서를 어떻게 공개된 법정에서 나온 진술보다 우위에 놓느냐?"

"판사들이 사람을 구속하는 것을 사무 처리로 생각하는데, 구속영장이 발부된 가족들에게는 재앙이다."

그러나 임기 후반 이명박 정부와의 갈등으로 개혁 동력을 상실했고, 양승태가 후임 대법원장으로 지명되면서 그의 노력은 물거품이 되어 버렸다. 그는 퇴임사에서 자신의 임기를 '진통의 시간'이라고 표현하며 아쉬워했다.

대한민국 사법부는 어떤 성향의 대법원장이 임명되느냐에 따라 단숨에 전체 시스템이 바뀌는 문제 또한 심각하다.

휴대폰에 모든 정보가 들어 있는 시대에 수사기관의 압수·수색은 휴대폰 확보를 최우선으로 한다. 한 개인의 모든 정보가 담겨 있는 휴대폰이 수사기관으로 넘어가면 그때부터 영혼까지 털리는 상황이 시작된다. 유명 정치인이나 기자들까지 당하는 마당에, 법을 잘 모르는 일반 시민들은 꼼짝없이 끌려갈 수밖에 없고, 수사기관의 회유와 압박에 굴복하게 된다.

개인정보 보호 차원에서라도 압수·수색에 대한 사법적 통제가 필요하다.

사법부에서 공판중심주의가 제대로 지켜지지 않는 원인은 역사적 관성, 수사기관의 초월적 권한, 법원의 소극적 역할 그리고 인적·물적 자원의 부족 등 복합적인 요인들이 얽혀 있다.

조서 중심의 재판 관행은 일제강점기 시절 일본어를 모르는 한국인에게 수사기관이 임의로 작성한 조서로 유죄를 선고하는 악습에서 비롯된 것이다. 이는 피의자의 인권을 침해하고 실체적 진실을 숨기는 심각한 문제가 있는 재판 제도다. 이런 폐해가 아직도 계속되는 것은 검찰이 제공하는 조서를 바탕으로 법원이 판결하는 건 쉬운 일이지만, 검찰 조서와 증거를 법정에서 반대 심문을 통해 점검하는 것은 매우 어렵다는 점이다. 재판부는 굳이 어려운 길을 피해 쉬운 길을 선택하는 것이다.

실제로 공판중심주의의 실질적 실현을 위해서는 인적·물적 자원의 대폭적인 지원이 필요하다는 점은 확실해 보인다. 형사 법관과 공판 검사가 증원되어야 하며, 공판 절차에서 모든 증거 자료가 제출되고 증거 조사가 철저히 이루어져야 하기 때문이다.

이러한 문제점을 극복하고 사법의 민주적 정당성을 강화하며, 국민의 신뢰를 높이기 위해서라도 인공지능 기술의 도입이 필요하다.

인공지능은 전 세계 사법 시스템을 빠르게 재편하고 있으며, 이론적인 논의를 넘어 실질적인 구현 단계에 접어들고 있다. 모든 국가의 사법 시스템은 증가하는 사건 수, 효율성 향상 요구, 사법 접근성 증진의 필요성으로 인해 상당한 압력에 직면한다. 이러한 시스템적 비효율성을 해결하고 현대화하기 위한 중요한 방안으로 인공지능 기술의 활용이 주목받는다. AI는 방대한 데이터를 처리하고, 패턴을 식별하며, 반복적인 작업을 자동화하는 능력으로 판사의 보조적 역할을 하여 해결책을 제시한다.

공판중심주의의 확립을 위해서는 수사기관의 권한에 대한 사법적 통제를 강화하고, 법원의 적극적인 역할 수행이 중요하다. 또한, 국민참여재판과 같은 시민 참여 제도의 확대는 사법 시스템의 민주적 정당성을 강화하고 공판중심주의의 원칙 준수를 강제하는 중요한 수단이 될 수 있다. 궁극적으로 공판중심주의의 정착은 사법 시스템이 국민의 기본권을 보호하고, 공정하며 투명한 정의를 실현하는 본연의 역할을 다하기 위한 필수적인 개혁 과제다.

전관예우는 법조계뿐만 아니라 관계와 공기업에까지 널리 퍼져 있는 관행이다. 정부 고위 관료들이 퇴직할 때 산하 기관이나 민간 기업으로 나가면 해당 부처는 인사 적체를 해소할 수 있고, 전직 공무원을 채용한 민간 회사는 이들을 로비 창구로 활용한다. 전직 관료에 대한 예우라는 표현을 쓴 걸 보면 그들 스스로 만든 용어인 듯한데, 지금은 법조계에 보편적으로 사용되는 용어가 되었다.

대한민국 사법부는 현재 심각한 신뢰 위기에 직면해 있다. 국민의 법원 신뢰도는 OECD 평균에 크게 못 미치며, 국제적 사법 시스템 신뢰도 평가에서 매년 최하위권 수준을 벗어나지 못한다. 이러한 불신의 핵심에는 전관예우라는 구조적 문제가 자리하고 있다.

전관예우는 법치주의가 일정 수준에 이른 국가에선 유사한 사례를 찾기 어려운 한국의 독특한 부패와 비리 문화다.

법관 퇴직 후 변호사 개업을 하지 않는 관행이 정착된 영국에서는 오히려 이를 바꿔 보자는 사회적 논의가 있었다. 그러나 사법부 독립성이 약화된다는 현직 법관들의 강력한 반대로 무산되었고, 대신 비법조인이 의장을 맡는 사법 임명위원회(JAC)를 설립하여 국민 신뢰를 크게 높였다고 한다.

한국에서 판사와 검사로 고위직에 오른 사람들이 퇴직 후 변호사로 개업하는 목표는 명확하다. 후배들에게 영향력을 행사해서 고액의 수임료를 챙기는 것이다.

이런 구조에서 공정한 재판을 기대할 수 있을까? 현직 판사들은 언젠가 자신도 전관이 될 것을 기대한다. 오히려 전관 선배 변호사와의 관계를 고려해서 판결하다 보니 법의 논리보다 인간관계 또는 이해관계가 우선된다.

그런 실체를 보여 주는 구체적 데이터도 즐비하다. 고위직 출신 전관 변호사의 승소율이 일반 변호사 평균을 훨씬 웃돌고, 집행유예 선고 확률도 현저히 높다고 지적하는 여러 연구 결과가 있다.

이는 단순한 능력 차이가 아닌 구조적 특혜의 명백한 증거다.

직접적인 전관예우가 문제 되자 이제는 주로 대형 법률사무소를 매개로 더욱 교묘한 형태의 특혜 시스템이 작동하고 있다. 이들은 전관만이 아니라 미래의 판사로 임용될 가능성이 큰 인물들을 미리 확보하여 키우는 일도 한다.

전관예우 변론과 다른형태로 전화나 고문료 등 비공식적 영향력 행사 의혹이 제기되기도 한다.

지난 수년간 떠들썩했던 '50억 클럽'은 대장동 개발 사업에 도움을 준 대가로 민간 사업자로부터 50억 원을 약속받았다는 법조 언론계 거물급 인사들을 지칭한다. 주로 법조계 고위 인사들의 이름이 거론되었지만, 특검 논의는 정치적 이유로 무산되고 수사 불충분 논란이 이어졌다.

전관예우는 단순한 부패 문제가 아니라 사법부 전체의 구조적 문제다. 개인의 도덕성에 맡길 문제가 아니라 시스템적으로 해결해야 할 과제다.

당연히 기득권 세력의 저항은 예상되지만, 중요한 것은 변화를 위한 강력한 의지다. 기존 시스템에서 이익을 얻던 사람들은 변화를 원하지 않는다. 전관예우라는 기득권을 포기하라고 하면 강력히 반발할 것이다.

하지만 국민은 더 이상 기다리지 않을 것이고 세계적인 추세 또한 그러하다.

기술이 가능하게 하는 변화를 권력이 막을 수는 없다.

사법부는 여전히 과거의 방식으로 문제를 해결하려 시도할 수 있지만, 인공지능 시대에 느리고 비효율적인 시스템은 공감대를 얻지 못할 것이다.

AI는 정치적 과정 없이도 객관적인 해답을 제시할 수 있다. 방대한 데이터를 분석해서 최적의 정책 방향을 찾아낼 수 있다. 사법 개혁도 마찬가지다. 정치적 타협이 아니라 객관적이고 기술적인 해결책이 필요한 시점이다.

인공지능은 이런 사법부의 고질적 문제들을 근본적으로 해결할 수 있다. AI는 감정이나 이해관계에 흔들리지 않는다. 정치적 압력이나 개인적 성향과 무관하게 오직 사실과 데이터에만 의존한다.

먼저, 판례 분석에서 AI의 역할이 중요하다. 수십만 건의 과거 판례를 순식간에 분석해서 일관된 기준을 찾아낸다. 비슷한 사건에서 어떤 판결이 내려졌는지, 어떤 법리가 적용되었는지 종합적으로 검토한다. 이는 재판관 개인의 기억이나 경험에 의존하는 기존 방식보다 훨씬 객관적이고 정확하다.

양형 기준 설정에도 AI가 큰 도움이 된다. 범죄의 경중, 피고인의 전과, 사회적 영향 등 다양한 요소를 체계적으로 고려해서 적절한 형량을 제시한다. 같은 죄를 지어도 재판관에 따라 형량이 달라지는 불공정함을 없앨 수 있다.

법령 해석에서도 AI의 객관성이 필요하다. 애매하거나 복잡한 법조문을 해석할 때 과거 해석 사례, 입법 취지, 사회적 맥락 등을 종합적으로 분석한다. 자의적 해석의 여지를 줄이고, 일관된 기준을 제시한다.

사회적으로 큰 이슈가 되는 재판은 정치적 이해관계가 개입되어 진실 규명보다는 정치적 타협이 우선시된다. 가해자들은 시간이 지나면서 면죄부를 받고 피해자들은 계속 고통받는다.

AI는 이런 정치적 제약에서 벗어난다. 방대한 양의 증거와 증언을 체계적으로 분석해서 객관적 사실을 찾아낸다. 증언 간의 모순점, 물리적 증거의 일치 여부, 시간대별 상황 전개 등을 종합적으로 검토한다.

특히 디지털 증거 분석에서 AI의 능력이 뛰어나다. CCTV 영상, 통신 기록, 디지털 포렌식 데이터 등을 빠르고 정확하게 분석한다. 인간이 놓칠 수 있는 미세한 단서까지 찾아낸다. 조작이나 은폐의 흔적도 탐지할 수 있다.

현재의 사법 시스템은 사후적으로만 판단한다. 이미 일어난 일에 대해서만 판결한다. 하지만 AI는 실시간으로 정보를 검증하고 판단할 수 있다. 가짜 뉴스나 허위 정보가 넘쳐나는 시대에 이런 기능은 필수적이다.

정치인들의 공약이나 발언도 실시간으로 팩트 체크 한다. 과거 발언과의 일관성, 실현 가능성, 다른 정책과의 정합성을 종합적으로 평가한다. 거짓말이나 과장된 표현을 즉시 지적한다.

법정에서는 증인의 증언이나 변호사의 주장을 실시간으로 검증할 수 있다. 관련 법령, 판례, 사실관계 등과 대조해서 모순점을 찾아낸다. 이는 재판의 효율성을 높이고 진실 발견에 도움이 된다.

AI는 전관예우 방지에도 강력한 도구가 된다. 현재는 전관 변호사가 어떤 사건을 맡고, 어떤 판결을 받는지 체계적으로 추적하지 못한다. 개별적인 의혹 제기가 있을 뿐이다.

AI 모니터링 시스템은 모든 전관 변호사의 활동을 실시간으로 추적한다. 승소율, 사건 유형, 담당 판사와의 관계 등을 종합적으로 분석한다. 통계적으로 유의미한 편향이 발견되면 즉시 경고한다.

예를 들어 특정 전관 변호사가 특정 판사에게만 사건을 집중적으로 배정받거나, 비정상적으로 높은 승소율을 보인다면 AI가 이를 포착한다. 우연의 일치로 보기 어려운 패턴이 나타나면 조사 대상으로 분류한다.

이런 시스템이 구축되면 전관예우를 시도하는 것 자체가 어려워진다. 모든 행동이 기록되고 분석되기 때문이다. 투명성이 확보되면서 부정한 거래의 유인이 사라진다.

AI는 국민이 사법 과정에 참여할 수 있는 새로운 방법을 제공할 수 있다. 복잡한 법률 용어나 절차를 쉽게 설명해서 일반 시민도 이해할 수 있게 만든다. 법률 정보의 민주화가 가능해진다.

AI 챗봇을 통해 24시간 법률 상담이 가능하게 하여 기본적인 법률 문제부터 복잡한 사건까지 상담을 제공한다면 변호사 비용을 감당하기 어려운 서민들도 쉽게 법률 서비스를 받을 수 있을 것이다.

온라인 배심원 시스템도 구축할 수 있다. 일정한 자격을 갖춘 시민들이 온라인으로 재판에 참여한다. AI가 사건의 핵심 쟁점을 정리해서 제시하고, 배심원들의 의견을 수렴해서 최종 판단에 반영한다.

AI 시스템의 투명성은 시민 참여의 기회를 확대한다. 현재는 사법부의 내부 운영이 베일에 가려져 있다. 일반 시민들은 사법부가 제대로 작동하는지 알 수 없다. 문제가 있어도 감시하고 견제할 방법이 없다.

AI 기반의 사법 시스템은 모든 과정을 데이터로 기록하고, 개인 정보를 제외한 통계 데이터는 공개된다. 시민들은 사법부의 성과를 객관적으로 평가할 수 있으며, 판사별 판결 경향, 사건 처리 속도, 상급심 파기 기록 등을 확인할 수 있다.

이런 정보 공개는 사법부에 건전한 경쟁을 유도한다. 판사들은 자신의 판결이 공개적으로 평가받는다는 것을 알고 더 신중하고 합리적인 판단을 하게 된다. 사법부 내부의 자정 작용이 활성화될 것이다.

시민 감시단체들도 AI 데이터를 활용해서 사법부를 모니터링 할 수 있다. 문제가 있는 판사나 부적절한 판결을 조기에 발견하여 시민사회의 견제 기능이 강화된다.

대통령 탄핵 심판이나 내란 재판과 같은 역사적 사건의 재판은 주권자인 국민이 참여하는 국민참여재판으로 역사적 심판을 내려야 한다.

주요 선진국들의 경우, 주요 범죄는 기본적으로 국민 사법 참여 제도를 시행하며, 경우에 따라 특별한 예외를 정하고 있다. 그러나 대한민국의 사법 시스템은 강력범죄와 부패범죄에 한정하여 피고인의 선택에 따라 국민참여재판 여부가 결정된다. 더구나 판검사는 물론 변호사까지 국민참여재판에 부정적이어서 피고인이 이를 요구하기가 쉽지 않으며, 배심원의 평결을 법관이 참고할 뿐 법적 구속력이 없다. 철저히 소수 법률가만의 사법 시스템이다.

국민참여재판은 사법의 민주성과 투명성을 강화하는 중요한 제도이다.

국가적 중대 심판은 국민참여재판을 의무화하고, 배심원 평결에 법적 구속력을 부여함으로써 국민의 참여를 실질적으로 보장해야 한다.

국민과 판사의 판단이 특별한 차이가 없다는 사실을 법정에서 확인할 때, 국민은 사법부와 동질 의식을 느끼며 신뢰할 수 있을 것이다.

지난 몇 달 동안 많은 사람이 헌법재판관, 대법관들의 과거 판결을 통해 성향을 분석하고 공유하면서 판결을 예측하곤 했다.

검찰의 회유와 압박 심지어 증언 연습까지 한 피고인이 재판정에서, 강압 수사에 의한 증언이라고 양심에 따라 번복하여 1심에서 무죄를 받은 한명숙 사건을, 항소심에서 유죄로 뒤집은 판사가 헌법재판관이 되었다.

800원을 횡령한 버스 기사 해고는 정당하고, 85만 원을 접대받은 검사의 면직은 가혹하다는 판결한 판사는 대법관 자리에 앉아 있었다.

이런 자들이 개인이나 국가의 운명을 결정하는 자리엔 절대 올라갈 수 없게 하는, 객관적이고 국민이 이해할 만한 인공지능 검증 시스템이 작동되어야 한다.

 인공지능을 활용한 사법 시스템의 가장 중요한 점은 국민을 위한 사법 서비스를 만드는 것이다. 권력자들의 이익이 아니라 정의 실현과 사회 발전을 위해 사법권이 사용되어야 한다.
 정치적 이해관계나 기득권의 개입 없이 순수하게 사실과 데이터에 기반한 의사 결정이 가능해질 때 우리 사법부가 진정으로 국민의 신뢰를 받을 수 있다.
 대한민국의 사법 시스템은 그동안 축적된 전문성과 권위에도 불구하고, 지금의 시대정신이 요구하는 공정성, 객관성, 투명성 면에서 뼈아픈 한계를 드러내고 있다.
 인공지능 기술은 단순히 사법 보조 수단이 아니라, 사법 정의 실현을 위한 새로운 동반자로 자리매김할 수 있다. 다만 기술 도입에 앞서 중요한 것은 인간 중심의 사법 철학을 잃지 않는 것이다. 지금이야말로 인공지능을 사법 정의 실현을 위한 새로운 수단으로 활용할 때다.

'인간 교육'을 시켜라

인공지능은 단순한 기술 혁신을 넘어 사회, 경제, 문화 전반의 패러다임을 근본적으로 변화시키고 있으며, 우리에게 교육 제도의 개혁은 특히 중요하다.

인공지능 시대에는 단순 지식 암기보다 비판적 사고, 창의성, 문제 해결 능력 그리고 인간 고유의 감성이 더욱 중요해진다. 이러한 변화의 물결 속에서 우리 교육 시스템의 역할과 방향성에 대한 깊이 있는 성찰과 담대한 전환이 시급하다.

현재 대한민국 교육 시스템은 여전히 과거 산업화 시대의 틀에 갇혀 미래 사회가 요구하는 인재를 양성하는 데 한계를 보인다. 획일적인 평가와 암기식 교육, 과도한 경쟁은 학생들의 행복도를 저해하고, 창의적 사고를 억압하며, 이는 OECD 국가 중 최하위권의 학생 행복도(65개국 중 65위)라는 통계로도 드러난다.

현 교육 시스템의 한계는 단순히 교육 방법론의 문제가 아니라, 교육의 본질적인 목표와 가치 자체가 시대에 뒤떨어져 있음을 의미한다.

교육은 더 이상 지식 전달의 수단이 아니라 인간 고유의 역량을 개발하고, 서로 협력하며 살아갈 수 있는 능동적인 시민을 양성하는 방향으로, 근본적으로 재정의되어야 한다.

학생 행복도 저하는 이러한 시스템적 문제의 결과이자 미래 사회의 인적 자원 경쟁력 약화로 이어질 수 있는 경고 신호다.

교권의 무력화 또한 큰 문제다. 악성 민원과 교권 침해에 시달리는 많은 교사들이 이직이나 사직을 고민하며, 심지어 정신과 상담이나 치료까지 받는 경우도 점점 늘어나는 추세라고 한다. 교사라는 직업이 더 이상 사회에서 존중받고 있다고 생각하지 않는 것이다.

교육 시스템의 변화는 단순히 학교만의 문제가 아니라, 사회 전반의 혁신과 지속 가능한 발전을 위한 필수 전제 조건이다.

이제 인공지능이 인간의 지적 노동 상당 부분을 대체할 새로운 시대를 눈앞에 둔 지금, 우리는 근본적인 교육 개혁을 시작해야 한다.

대한민국 교육 시스템은 획일적인 암기식 교육, 줄 세우기식 경쟁, 개인의 창의성을 구시하는 구조가 여전히 계속되고 있다.

아이들을 한 줄로 세워서 1등부터 꼴등까지 서열을 매기고, 이 서열이 그 아이의 인생을 결정한다고 믿으며, 상위 몇 퍼센트만 성공할 수 있다고 가르친다. 암기 위주 교육이 이런 서열화를 가능하게 만든다. 정답이 하나뿐인 문제들로 시험을 보고 얼마나 많이 외웠는지가 능력의 척도가 된다. 창의성이나 사고력은 평가받지 못한다. 다양한 관점이나 새로운 아이디어는 오히려 방해물이 된다.

이런 시스템에서 1등을 하는 소수만이 들어갔던 '서울대학교 법과대학' 출신은 상층부에 오르지만, 그들의 성공은 사회적 책임감으로 이어지지 않았다. 오히려 '서울대학교 내란과'라고 냉소적으로 불리며, 국민이 아니라 권력과 사적 이익만을 추구해 왔다.

대한민국 교육 시스템이 길러 낸 성공한 인재는 사회적 책무보다 개인의 출세와 보상을 최우선으로 삼는다. 판검사, 의사, 교수 등으로 진출하여 기존 제도를 통해 권위를 유지하는 데 몰두한다. 한국 사회가 끊임없이 불평등의 수렁에 빠져드는 이유가 여기에 있다.

대한민국의 입시 제도는 세상의 변화에 대응하지 못하고, 아직도 줄 세우기와 선별 기능에만 매몰되어 있다. 정부는 공교육 정상화를 내세우지만, 실제로는 입시 제도의 잦은 변경으로 혼란만 가중시키고 있다.

공교육은 이미 그 기능을 상실했다. 학생들은 학교 수업보다 학원 수업에 더 집중하고, 교사들도 입시 결과에만 매달린다. 창의성, 비판적 사고력, 협업 능력 등 미래 사회에 필요한 핵심 역량을 기르는 교육은 찾아보기 어렵다.

이런 문제의 뿌리는 깊다. 군사 문화의 영향으로 복종과 순응을 강요하는 교육이 자리 잡았다. 학생들은 질문하지 않고, 토론하지 않으며, 주어진 답만 찾아야 한다. 이런 교육을 받은 학생들이 이미 시작된 인공지능 시대에 경쟁력을 가질 수 있을까?

조기 교육과 사교육 열풍도 심각한 문제다.

우리나라의 조기 교육과 사교육은 정부나 교육기관의 주도 없이 시장 경제의 상품으로 과도하게 난립하여 심각한 사회적 문제를 야기하고 있다. 영유아기부터 시작되는 지나친 선행 학습은 아동들에게 심리적 부담과 스트레스를 주어 정서 불안, 창의성 발달 저하, 심지어 정신 병리적 현상까지 초래할 수 있다. 또한 천문학적인 사교육비 지출은 가계 경제에 막대한 부담을 주며, 저출산 문제와도 밀접하게 연관되어 있다.

아이들은 어려서부터 경쟁에 내몰리며, 창의성이 싹틀 시간도 없이 선행 학습에 매달린다. 부모들은 불안감에 사교육비를 쏟아붓는다. 이런 악순환이 계속되면서 교육 불평등은 더욱 심화된다.

질문과 토론 교육의 부재 또한 큰 문제를 낳는다. 학생들은 서로 다른 의견을 나누고, 합의점을 찾는 방법을 배우지 못한다. 그 결과, 사회에 나가서도 편 가르기식 분열만 반복한다. 민주주의의 기본 소양인 토론과 합의 능력이 부족한 시민들이 양산되는 것이다.

합리적인 토론과 합의의 경험이 부족한 시민들은 복잡한 사회 문제에 대해 다양한 관점을 이해하고 절충하기보다, 특정 이념이나 집단의 논리에 갇히기 쉽다. 이는 정치적 대립을 순화시키고, 심지어 종교적 또는 사회적 갈등에서도 타협보다는 배제와 분열을 선택하게 만드는 배경이 될 수 있다.

독일의 유튜브 채널이 지난 4월 2일 공개하여 큰 화제가 되었던 영상 〈South Korea is Over〉(한국은 끝났다)의 내용을 요약한다.

- 채널: 〈Kurzgesagt- In a Nutshell〉(구독자 약 2,380만 명) 2025년 4월 2일 공개
- 반응: 공개 16시간 만에 조회수 230만 회, 2만 1천 개 이상의 댓글 발생
- 한국 역대 최저 출산율: 2023년 기준 전국 평균 0.72명, 수도권 0.55명
- 장기 전망: 현재 100명이 4세대 뒤에는 5명으로 줄어듦 (100 → 36 → 13 → 5)
- 2060년 예측: 전체 인구 약 30%인 1,600만 명 소멸, 65세 이상이 절반
- 경제·GDP 전망: 2040년대 정점 후 지속적 경기 후퇴
- 급속 성장 과정에서 형성된 '과로 사회' 및 '과도한 경쟁'이 출산 기피 문화 조성, "아이를 낳지 못하게 만드는 사회를 스스로 만들어 냈다"라는 지적
- 보조금 확대가 아닌 '제도·문화 전면 개혁'만이 장기적 출산 회복을 이끌 수 있다고 조언

이 영상은 과학 및 교육 관련 영상 콘텐츠를 제공하는 독일의 유튜브 채널이 만들었다. 여기에선 한국 사회가 당면한 인구 절벽의 심각성을 수치로 보여 주며, 단기간의 정책 대응을 넘어선 근본 개선의 필요성을 강조하고 있다.

이 영상에 주목한 이유는 우리 사회의 출산율 감소, 행복 지수 저하, 불평등에 대한 불만 등 모든 문제의 근원에 교육이 있다고 보았기 때문이다.

예나 지금이나 결혼을 앞둔 젊은이들의 공통적 고민은 먼저 집 걱정, 다음은 출산에 따른 걱정이다. 집을 마련하는 일은 부부끼리 살면서 어떻게라도 해결해야 할 문제지만, 아이를 낳고 키우려면 훨씬 더 깊은 고민을 하게 된다. 1등만 기억하는 세상에서 어쩔 수 없이 따라가야 하는 조기 교육과 사교육, 필요하면 경력 단절까지 감수하는 과도한 대가를 치르며 기본 교육을 마친다. 대부분의 선진 국가에서 부모의 역할은 여기까지지만, 우리 사회는 또 다른 불안감을 계속 강요한다.

야구 선수로 비유하면 오랜 기간 뒹굴고 훈련해 타석에 들어갈 준비를 시켰다. 과연 정규 타석에 들어설 수 있게 우리 아이를 불러 줄 것인지, 안타는 칠 수 있을지, 마음을 졸이면서 경기를 지켜봐야 한다. 그러나 자신의 경험을 통해 이미 1루, 2루에 또는 부모 찬스로 3루까지 나가 있는 많은 경쟁자들이 있다는 불평등한 세상을 익히 알고 있다.

이런 현실에서 젊은이들이 아이를 낳아 기르는 게 서로에게 행복할 것이라는 생각을 하기는 어려울 것이다.

과도한 대학 진학률 또한 현 교육 시스템의 큰 문제다.

한국의 대학 진학률은 70%를 웃돌며 세계 최고 수준이지만, 이는 불필요한 과잉이다. 1990년대 진학률 급증으로 사립대학교가 우후죽순 생겨났으나, 오히려 교육의 질은 떨어졌다. 젊은이들은 취업난 속에서 무의미한 학위를 쌓아야 하며, 사회는 과잉 학력 인플레로 고통

받는다. 사립대학교는 이 흐름에 편승해 교육기관이 아닌 기업으로 변질됐다. 재정 위기를 핑계로 과도한 일반 대학원 과정과 학과를 개설하며 수익을 극대화한다. 국가장학금과 보조금 의존도가 높아지면서 수십·수백억 원의 국민 혈세가 정부 지원금으로 흘러 들어간다. 더구나 교비 횡령, 인사 비리, 불투명한 재정 운영은 일부 부실 대학의 문제가 아니라 상당수 사학에서 벌어지는 일이다. 더욱 개탄스러운 것은, 이러한 비리가 터져도 솜방망이 처벌에 그치는 일이 비일비재하다는 사실이다. 법과 제도는 그들의 견고한 카르텔 앞에서 무력하기만 하다.

AI 시대는 이미 개인의 능력을 재구성하고 있다. 대학 졸업장이 안정된 직장을 보장한다고 믿는 건 시대착오다. 자동화가 가속화되면서 수많은 직업은 소멸하고, 대신 독창적 콘텐츠, 문화, 데이터 기반 산업이 부상하고 있다. 한국처럼 70% 이상이 대학에 진학하는 사회는 사실상 과잉 학력 사회인 것이다.

한국에는 너무 많은 사립대학교가 존재하며, 정부는 사립대학교에 과도한 국고보조금을 퍼붓지만 이는 밑 빠진 독에 물 붓기다. 이 자원은 공교육 강화나 AI·첨단 기술 교육에 투자돼야 한다.

한국의 역사 교육은 심각한 문제가 있다. 특히 현대사 교육이 부실하다. 일제강점기부터 해방, 한국 전쟁, 독재정권, 민주화 과정까지 제대로 현대사를 정리하지도 못했다. 그러다 보니 정권이 바뀔 때마다 역사 인식이 달라지고, 교육 현장에서는 정치적 논란을 피하려고 한다.

역사를 모르면 현재를 이해할 수 없다. 지금 우리 사회의 모습이 어떻게 만들어졌는지 알아야 한다. 왜 이런 문제들이 반복되는지 파악해야 한다. 과거의 실수를 되풀이하지 않으려면 정확한 역사 인식이 필요하다.

공교육 과정에서 객관적이고 균형 잡힌 역사를 정권의 성향과 관계없이 사실을 사실대로 가르쳐야 한다. 다양한 관점을 제시하고, 학생들이 스스로 판단할 수 있도록 해야 한다.

올바른 가치관과 비판적 사고를 지닌 민주시민을 양성하기 위한 역사 교육, 특히 현대사 교육의 강화와 토론 교육의 활성화는 아무리 강조해도 지나치지 않다. 대한민국 현대사는 성공과 좌절, 민주주의를 향한 열망과 투쟁이 교차하는 역동적인 역사이다. 그러나 안타깝게도 현대사 교육은 종종 정치적 이념 논쟁에 휘말려 표류하곤 한다. 정권의 입맛에 따라 교육 과정이 바뀌고, 편향된 시각이 주입될 위험에 노출되어 있다. 학생들이 균형 잡힌 시각에서 현대사를 제대로 이해하고, 이를 바탕으로 현재 사회가 직면한 문제들을 성찰하며 미래를 전망할 수 있도록 도와야 한다.

군사정권 시절 강압적인 반공교육에 익숙한 노년 세대는 아직도 정치적 이념 논쟁에서 벗어나지 못한다. 전쟁을 치른 다른 나라의 비슷한 세대들이 반전주의자, 평화주의자로 전향할 때 이들은 한국전, 베트남전을 경험하며 더욱 굳건한 반공주의자로 거듭났다.

베트남전은 냉전의 이념적 갈등을 보여 주는 대표적 사례로, 이 전쟁의 부정적 영향은 전 세계적인 반전 운동과 사회적 변화의 계기가 되었다. 1968년 미국과 프랑스를 중심으로 일어난 반전 운동은 국제적 연대로 확산하였다. 68혁명은 세계적인 사회적 저항의 흐름으로, 패권주의와 전쟁에 맞서 싸우는 젊은 세대들의 투쟁이었다. 이들은 전통적인 권위에 도전하며 사회적 불평등과 인권 문제에 대한 인식을 높여 현대 세계의 정치적·사회적 변화에 깊은 영향을 미쳤다.

당시 대한민국은 명분 없는 베트남전에 미국을 따라 참전하고 이런 세계사적 흐름을 철저히 차단하였다. 그리하여 아직도 태극기와 성조기를 들고 종북 척결을 외치는 것이다.

이런 군사문화의 문제는 가장 자유롭고 평화로워야 할 종교 영역에서도 어김없이 나타난다. 독재적이고 강압적인 목사들을 따르고, 이들에 맹목적으로 순종하는 것을 당연하게 받아들인다. 세계 어느 나라에 군대식 얼차려를 하는 교회가 있겠는가? 하물며 아무 판단 없이 목사의 명령에 무조건 복종하는 교인들은 또 어떻게 이해해야 하나?

> '수고하고 무거운 짐 진 자들아, 다 내게로 오라 내가 너희를 쉬게 하리라.'

20세기 최고의 신학자 중 한 명으로 목사였던 폴 틸리히의 해석에

의하면, 예수가 말하는 무거운 짐은 당시 유대인들이 안고 살아가던 종교의 짐을 뜻한다. 종교의 계율과 속박으로부터 새로운 삶의 평안을 주겠다는 복음인 것이다. 종교가 강요하는 무거운 짐을 벗어야 자유로운 신앙인이 될 수 있다는 해석이다.

인공지능 시대에는 인간의 판단력이 더욱 중요해진다. 윤리적 판단이나 가치 선택은 인간만이 할 수 있기 때문이다. 토론과 논쟁을 통해 이런 능력을 기르고 다양한 정보를 종합하여 자신만의 견해를 정리한다. 상대방의 반박에 대응하면서 논리를 보완한다. 이 과정에서 사고력이 확장된다.

대한민국 교육기본법은 교육의 목적을 '민주시민으로서 필요한 자질을 갖추게 하여 인간다운 삶을 영위하게 하는 것'으로 명시하고 있다.

그러나 민주시민 교육은 종종 특정 정치 집단의 편향 논리 주입식 교육이라는 논란에 휩싸이며 문제가 제기되기도 한다.

이명박 정권은 대한민국이 애써 키워 온 민주주의를 후퇴시키고, 지금 우리 사회의 모든 불평등과 분열의 씨앗을 뿌린 정권이다. 정치, 경제, 사법, 언론 등의 모든 영역에서 극단적인 분열을 일으켰지만, 가장 심각한 것은 '뉴라이트'라는 이름의 역사교육이었다.

뉴라이트 역사관은 주로 이승만과 박정희 시대를 긍정적으로 평가하고, 식민지 근대화론을 주장한다. 현직 교사와 대학 교수 등 소위 뉴라이트 세력이 일본 식민사관을 담은 역사 교과서를 직접 제작하기도 했다. 이명박-박근혜 정부 10여 년 동안 우리 역사를 왜곡하고,

일제를 미화하는 역사를 배운 젊은 세대의 역사의식은 우려스럽다.

이러한 사실은 교육이 정치적 도구로 활용될 수 있으며, 학생들이 역사적 사실과 사회 현상을 비판적으로 성찰하고 합리적인 판단을 내리는 데 방해가 된다. 특정 이념에 경도된 역사 교육은 과거를 객관적으로 이해하고 미래를 위한 교훈을 얻는 데 한계를 만들며, 이는 결국 민주시민으로서 올바른 역사의식과 토론을 통한 합의 능력을 함양하는 데 걸림돌로 작용한다.

결과적으로 시민들은 복잡한 사회 문제에 대해 합리적인 토론과 숙의 과정을 거치기보다, 감정적이고 편향된 시각으로 접근하게 되어 사회 통합을 저해하는 결과를 낳는다.

올바른 역사 교육이 이뤄지지 않으면 과거의 잘못된 선택들로부터 교훈을 얻지 못한다. 역사의식 없는 시민들은 같은 실수를 반복할 수밖에 없다. 우리 사회가 진정한 발전을 이루려면 역사를 직시하고, 교훈을 얻는 교육이 필요하다.

생성형 인공지능 기술은 학습 환경을 재편하고 있으며, 고품질의 학습 콘텐츠를 생성한다. AI는 평가, 일정 관리, 보고서 생성을 자동화하여 교육자의 업무 부담을 줄이고, 교사에게 학생 성과에 대한 실행 가능한 통찰력을 제공하여 교육 전략을 조정하도록 돕는다.

인공지능은 각 학생의 고유한 학습 스타일과 속도에 맞춰 교육 콘텐츠를 조정하고, 실시간으로 학생의 반응을 분석하여 도와주는 개별 맞춤 학습을 가능하게 한다. 학습자의 강점과 약점을 파악하여 최적의 학습 경로를 추천하고, 불필요한 시간을 줄여 학습 효율성을 향상한다. 이는 기존의 획일적인 교육 방식이 아닌, 학습자 중심의 교육을 실현하는 핵심 동력이 된다.

인공지능 시대에 교사의 역할은 더욱 중요해지고 변해야 한다는 것이다. 지식을 일방적으로 전달하는 역할에서 학습을 촉진하고 안내하는 역할로 바뀌어야 한다.

교사는 AI 도구를 효과적으로 활용할 수 있는 능력을 갖춰야 하며, 그 장점과 한계를 이해하고, 적절한 상황에서 적절한 방식으로 활용할 수 있어야 한다. 이를 위한 체계적인 연수와 지원이 필요하다.

감정적 지원과 인간적 관계의 중요성은 더욱 커진다. AI는 정보나 지식을 제공할 수 있지만, 학생의 감정을 이해하고 격려하는 것은 인간 교사만이 할 수 있다. 학생의 전인적 성장을 돕는 교사의 역할이 중요하다.

교사의 전문성도 높아져야 한다. 단순히 교과 내용을 아는 것을 넘어서 학습 과학, 인지 심리학, 교육 기술 등에 대한 깊은 이해가 필요하다. 교사 양성 과정과 임용 제도도 이에 맞게 개편되어야 한다.

무엇보다 교사들이 AI 기술 변화를 두려워하지 않도록 해야 한다. AI는 교사를 대체하는 것이 아니라 교사의 능력을 확장하는 도구다. 이런 인식 변화가 선행되어야 성공적인 AI 교육이 가능하다.

얼마 전 교육부 장관이 인공지능을 활용하여 구구단을 쉽게 외우는 학생들 수업을 참관하며 흐뭇해하는 뉴스를 보고 실소를 금치 못했다. AI를 기존 교육 커리큘럼에 맞추어 시범 적용하느라 그랬을 거라고 생각하지만, 인공지능 시대에는 구구단을 외울 필요가 없다. 우리가 지금 스마트폰이 저장하고 있는 전화번호들을 외울 필요가 없어진 것처럼 말이다. 과거의 시스템에 머물지 않고 새로운 교육 패러다임에 AI를 적용하는 발상의 전환이 필요하다.

AI 시대에 대한 투자나 준비를 전혀 하지 않은 지난 정부에서 AI 디지털 교과서를 도입한다고 했다. 학교 현장이나 교원단체, 시민단체 대다수가 반대하는 또 다른 실패작을 예고하고 있는 것이다.

지금 필요한 것은 근본적인 교육 개혁이다.

AI 시대에 교육 내용은 어떻게 바뀌어야 하며, 학교에서 교사의 역할은 어떤 형태로 달라져야 하는지, AI 전문가와 교사, 학생과 학부모 간의 충분한 논의를 거쳐 AI 교육 시스템을 먼저 만들어야 한다.

인공지능 시대에 맞는 역량을 키우려면 교육이 바뀌어야 한다. 교과서만 AI 디지털로 바꿀 게 아니라 교육의 본질을 다시 고민해야 한다.

사극을 보면 조선시대 '세자시강원' 소속 선비들이 왕세자에게 모든 것을 가르치는 장면들이 자주 나온다. 서양에서의 '멘토'라는 역할인데, 이들은 왕세자에게 유교 경전과 역사, 문학 등을 가르치며 왕으로서의 덕목과 통치 이념을 교육했다. 전형적인 일대일 가정 교사 역할이다.

AI는 학생들에게 이들보다 더 뛰어난 가정 교사 역할을 할 것이다.

가끔 선비 스승들은 왕세자를 나무라기도 하고 스승의 위엄을 보이기도 하지만, AI는 무조건 학생들의 요구와 수준에 맞춰 대응한다. 비싼 사설 교육이 필요치 않다.

인공지능이 하지 못하는 일은 인간과의 대화, 토론, 감정 교류 이런 것들이다.

인간의 기본 상식과 직관적인 감정, 주체성, 이런 것들의 중요성이 더욱 강조될 것이다. AI에게 정확하게 질문하고 AI가 써 준 글을 판단하는 능력을 기르기 위해 독서의 필요성은 오히려 더욱 커질 것이다.

세계적으로 공교육 시스템 및 교육 과정에 인공지능이 본격적으로 도입되고 있다.

미국은 초·중·고등 교육 과정에 AI 교육을 통합하는 행정명령을 마련했으며, 이스라엘은 세계 최초로 AI 튜터를 국가 차원에서 도입했다. 중국은 AI 교육을 정규 수업에 도입하고 있으며, 상하이의 한 초등학교는 저학년에게 AI 기초를, 고학년에게는 AI 응용 과정을 가르친다. 영국에서는 교사가 없는 AI 교실이 시범 운영되는 등 글로벌 교육은 역량 중심, 기술 기반 교육으로 전환되고 있다.

이러한 사례들은 AI가 교육 혁신에 가져올 수 있는 실질적인 효과를 입증한다.

국내에서도 다양한 에듀테크 기업들이 AI 기반 개인 맞춤형 학습, 진로 설계, 학습 관리 솔루션을 제공하며 세계적인 수준의 기술력을 인정받고 있다.

생성형 AI를 사용하여 누구나 일대일 전담 교사를 갖는 형태의 학습을 할 수 있게 하는 것이다. 이런 점에서 고가의 사교육 없이도 개인화된 고품질 교육을 제공하여 교육 기회의 불평등을 해소할 수 있는 잠재력을 가진다. 이는 교육의 민주화를 의미한다. 동시에 AI는 교사의 과제 채점, 학습 데이터 분석, 보고서 생성 등 행정 업무를 줄여 교사가 학생의 정서적 교감, 생활 지도, 고차원적 사고력 지도 등 인간 고유의 역할에 집중할 수 있게 함으로써 공교육의 효율화를 이끌어 낼 수 있다.

AI와 디지털 교육은 이미 개인 맞춤형 학습을 가능하게 한다. 학생은 교과서에 묶일 필요가 없다. 각자의 속도, 각자의 잠재력에 맞춘 배움이 가능하다. 이 기술을 국가적으로 활용해야 한다.

한국이 가진 강점은 문화, 콘텐츠, 창의성이다. K-팝, 웹툰, 게임, 디자인이 이미 세계를 매혹시키고 있다. 그런데 정작 교육은 여전히 입시용 공식, 법조인·의사 양성에 모든 자원을 집중한다. 이는 국가 경쟁력의 낭비다. AI 시대의 교육은 학생 개개인의 창작 능력과 사회적 협력 능력을 키우는 방향으로 가야 한다.

결국 이러한 교육의 민주화와 효율화는 단순히 학업 성취도 향상을 넘어 사교육비 경감으로 인한 가계 경제 부담 완화, 저출산 문제 해결 기여 그리고 교육의 질 향상이라는 사회 전반의 긍정적 파급 효과를 가져올 수 있다.

대한민국 교육 시스템의 근본적 전환을 위해, 정부는 이런 검증된 에듀테크 기업들과 협업하여 무료 AI 교육 서비스를 선제적으로 제공할 필요가 있다.

초·중등 공교육 시스템은 AI 디지털 교과서를 도입하고 학년별, 과목별로 순차적으로 확대 적용 하는 데 꽤 많은 시간이 소요될 것이다.

EBS는 공공성, 접근성 그리고 기존의 인프라를 바탕으로 사교육이 해결하지 못하는 교육 격차 해소의 역할을 수행할 수 있는 좋은 플랫폼이 될 수 있다.

공공주도 AI 기반 교육 시스템을 조기 교육부터 평생학습까지 전 생애 주기에 걸쳐 맞춤형 학습을 제공한다. 또한 EBS를 통한 정부 지원 교육 시스템이 장기적인 사회적 비용을 획기적으로 절감할 수 있다는 사실을 보여 줄 수 있다.

자신의 정체성과 의식을 변화시키는 데 소극적인 기성세대를 위한 평생학습 시스템도 중요하다. 갈수록 기대 수명은 늘어나고 세상은 빠르게 변하는데, 이들이 시대에 뒤떨어지지 않도록 국가가 돌보아야 한다. 인공지능 시대에 어른들의 경험이 시대에 뒤떨어진 고집이 아니라 오랜 시간을 살아온 지혜가 될 수 있도록 도와야 한다.

인공지능 시대는 이미 시작되었다. 변화에 적응하지 못하면 도태될 수밖에 없다. 우리 아이들이 AI와 공존하며 발전할 수 있는 능력을 기르는 것이 우리 세대의 책임이다.

인공지능 시대의 교육은 기술의 발전과 인간성의 회복을 동시에 추구해야 한다. AI와 협력하면서도 인간만의 고유한 가치를 잃지 않아야 한다. 이것이 우리가 만들어 가야 할 새로운 교육의 모습이다.

지금이 바로 교육 혁명을 시작할 때다.

팩트 체크는
AI 언론의 기본

언론은 민주주의의 기둥이어야 한다. 권력을 견제하고 시민에게 정확한 정보를 제공하는 것이 언론의 본질적 사명이다. 하지만 대한민국의 언론 현실은 늘 이와 정반대로 흘러가며, 시민들은 언론을 신뢰하지 않는다.

한국 사회에서 개혁 대상 1순위는 늘 검찰과 언론이다.

검찰은 확인되지 않은 수사 정보를 언론에 흘리고, 언론이 이를 거침없이 확대 재생산함으로써 피의자의 인격과 삶을 송두리째 파괴하는 현실이 반복된다. 언론은 자체 검증을 생략한 채 속보 경쟁으로 피의자의 혐의를 기정사실처럼 보도한다. 국민은 정확한 사실 대신 자극적이고 왜곡된 이미지를 받아들이고, 결국 사회적 낙인은 법정 판결 이전에 이미 내려져 버린다. 이 과정에서 실제로 많은 이들이 스스로 목숨을 끊는다. 이는 단순히 개인의 비극이 아니라, 사회 전체의 책임 회피이자 언론 자유를 빙자한 폭력이다.

특히 정치적 문제나 민감한 사건이 불거질 때면 연예인 사건이 유난히 대서특필된다. 사회적 주의를 돌리기 위해 검찰과 언론이 연예인 마녀사냥에 나서고, 이는 결국 희생양 만들기로 귀결된다.

    국민이 사랑했던 배우 이선균의 사례는 이를 바로 보여 준다.
    마약 의혹을 빌미로 확인되지 않은 정보들이 잇따라 언론에 쏟아졌고, 그의 인격과 삶은 하루아침에 무너졌다. 그 어떤 혐의도 명확히 입증되지 않은 상황에서 언론은 이미 그를 범죄자로 몰아갔다. 결국 그는 이 극심한 사회적 압박에서 벗어나지 못하고 스스로 세상을 떠났다.
    만약 어떤 연예인이 마약을 했다는 사실이 확인되더라도, 그에 따른 합당한 처벌을 받으면 되는 것이다. 연예인이 성인처럼 살아야 한다는 법이 있는가?
    '때리는 시어머니보다 말리는 시누이가 더 밉다'라는 말이 있듯, 언론의 이런 행태는 국민의 냉소로 돌아간다.

    검찰이 '마약과의 전쟁'을 한다면 마약 판매 조직을 소탕하는 데 목표를 두는 것이 당연한 일이다. 그러나 영등포경찰서 백해룡 경정이 국회에서 폭로한 마약 수사 외압을 보면, 세관 직원들이 연루된 역대급 마약 밀반입 조직을 검거하려는 단계에서 검찰은 수사를 방해하고, 오히려 외압을 행사하여 막았다. 대통령실이 관심을 두고 지켜본다는 명분으로 검찰이 외압을 행사했다는 것으로 알려져 국민의 공분을 샀다.

언론은 이럴 때 검찰이 흘려준 연예인 사건을 보도할 것이 아니라, 권력의 개입 여부를 탐사 취재 해야 하는 것이 마땅하다.

이런 인권과 윤리를 무시한 언론의 보도 태도는 자신의 신뢰를 무너뜨리고 시민의 분노를 촉발해 왔으며, 어느 순간부터 '기레기'라는 용어가 본격적으로 통용되었다.

최근에 발표되는 국제적 언론 신뢰도 평가에서 한국 언론은 수년간 최하위권에 머물러 있다. 이는 단순히 언론계만의 문제를 넘어, 사회 전반의 공적 인프라에 대한 불신과 깊이 연관되어 있다. 신뢰받지 못하는 언론은 사회적 담론 형성을 저해하고 불필요한 사회적 비용을 발생시킨다. 또한 언론이 사회의 감시자이자 건전한 공론장의 역할을 제대로 수행하지 못하게 만드는 근본적인 문제로 이어진다. 낮은 신뢰도가 굳어질 경우 사회적 합의 도출이 어려워지고, 검증되지 않은 정보가 확산할 위험이 증대되는 결과가 나타난다. 이는 민주주의의 건전한 작동을 저해하는 심각한 사회적 문제다.

나치 협력 부역자를 처벌한 드골은 회고록에서 "언론인은 도덕의 상징이기 때문에 첫 심판대에 올려 가차 없이 처단했다."라고 기록했다. 우리 역사와 현실을 돌아보게 하는 말이다.

돈과 권력이 기준이 되는 사회에서 언론도 진실 추구와 공익 실현이라는 본래 목적보다는 정치적 이익과 경제적 수익이 우선시된다. 언론사 소유주들이 정치적 영향력을 행사하기 위해 언론을 도구로 활용하는 상황에서 독립적이고 객관적인 보도를 기대하기란 불가능하다.

최근 포털은 검색, 커뮤니티, 쇼핑 등의 서비스와 결합하여 뉴스를 자신들의 플랫폼에 집중시켰다. 특히 네이버는 뉴스 시장에서 압도적인 지배력을 확고히 하며, 사실상 독점적인 위치에 올라가 있다.

그러나 포털사이트가 뉴스 유통의 주도권을 잡으면서 새로운 문제가 등장했다. 가짜 뉴스가 포털을 통해 실제 기사처럼 급속하게 유통된다는 점이다. 포털의 뉴스 시장 지배력은 막대한 사회적 영향력을 행사하지만, 동시에 가짜 뉴스 확산, 뉴스 어뷰징, 알고리즘 편향성 등 여러 문제점을 야기하고 있다.

디지털 환경에서 언론사들은 생존을 위해 트래픽과 광고 수익에 더욱 매달리게 되었다. 이에 따라 심층적인 분석이나 탐사 보도보다는 자극적이고 선정적인 기사가 양산되어 저널리즘의 질적 저하와 대중의 피로감, 불신을 초래했다.

인공지능을 활용한 정부 주도의 팩트 체크 시스템이 필요한 이유다.

현재 한국 언론의 가장 큰 문제는 획일적 보도다. 하나의 사건이 발생하면 모든 언론사가 비슷한 내용의 기사를 쏟아 낸다. 독자의 다양한 정보 욕구는 완전히 무시된다. 깊이 있는 분석이나 배경 설명 대신 자극적인 제목과 표면적인 내용으로 관심을 끌려 한다.

탐사 보도는 거의 사라졌다. 권력의 비리를 파헤치고 사회 문제의 구조적 원인을 찾아내는 것이 언론의 핵심 기능인데, 이런 역할을 포기했다. 시간과 비용이 많이 드는 탐사 보도보다는 쉽고 빠르게 생산할 수 있는 단편적 기사를 선호한다. 이는 언론의 존재 가치를 스스로 부정하는 행위다.

역사적 사건에 대한 깊이 있는 분석도 부족하다. 이태원 참사, 세월호 참사, 5·18 민주화운동 등 중요한 사건들의 진실을 밝혀내야 할 언론이 오히려 진실을 흐리는 역할을 한다. 정치적 이해관계에 따라 사실을 왜곡하거나 은폐하려 든다. 이런 행태는 역사의 올바른 기록을 방해하고 미래 세대에게 잘못된 정보를 전달한다.

한국 언론의 고질적인 문제로 지적되는 '출입처 저널리즘'은 기자들이 외부 보도 자료에 의존하고, 심층적인 자체 취재를 게을리하는 결과를 초래하여 익명의 취재원에게 의존한 보도가 남발된다. '정부 고위 관계자', '여당 핵심 인사', '업계 소식통' 등 모호한 표현으로 출처를 감춘다. 이런 보도의 신뢰성을 검증할 방법이 없다. 더 심각한 것은 한 언론사의 익명 보도를 다른 언론사들이 그대로 복사해서 재생산한다는 것이다.

이는 언론계의 집단 무책임을 보여 준다. 잘못된 정보가 확산하여도 누구도 책임지지 않는다. 오보가 발생해도 작은 정정 기사로 때우거나 아예 무시해 버린다. 막강한 권력을 가지고 있으면서도 그에 상응하는 책임은 지지 않는다.

언론의 권력은 정치인이나 기업가보다 더 강력할 수 있다. 한 번의 보도로 개인의 명예를 실추시키거나 기업을 파산시킬 수 있다. 하지만 이런 막강한 권력에 대한 견제 장치는 거의 없다. 언론중재위원회나 방송통신심의위원회 같은 기구가 있지만 실질적인 제재 효과는 미미하다.

언론이 사실을 객관적으로 전달하기보다 특정 정치적 입장을 대변하는 '스피커' 역할을 하여 사회적 갈등을 증폭시키는 주요 원인이 되고 있다.

주요 신문사들의 허위 부수 문제는 공공연한 비밀이다. 실제 구독자보다 훨씬 많은 부수를 발행한다고 허위 신고하여 비싼 광고료를 받고 정부 지원금도 챙긴다. 일부 신문은 발행 후 즉시 동남아시아 등에 헐값에 수출되어 시장 포장지로 사용된다.

이는 언론의 경제적 기반 자체가 허위라는 것을 의미한다. 독자들이 실제로 읽지 않는 신문을 만들면서도 마치 많은 사람이 보는 것처럼 속인다. 이런 상황에서 독자의 요구에 부응하는 양질의 콘텐츠를 만들 동기가 있을 리 없다.

광고주들도 이런 상황을 잘 알고 있지만 언론사와의 관계를 유지해야 하는 정치적 필요 때문에 묵인한다. 결국 이 모든 비용은 소비자 가격에 전가되고, 구독자는 호구일 뿐이며 사회 전체가 비효율적인 언론 시스템의 비용을 부담하게 된다.

더욱 심각한 것은 기자들 스스로도 언론의 신뢰도를 낮게 평가한다는 점이다. 현장에서 일하는 기자들이 자신들의 업계를 신뢰하지 않는다면 독자들의 신뢰를 얻을 수 있을까? 이는 언론계 내부의 구조적 문제가 얼마나 심각한지를 보여 준다.

많은 기자가 편집권 독립의 부재, 광고주와 정치권의 압력, 동료들의 무사안일주의 등을 토로한다. 좋은 기사를 쓰고 싶어도 조직의 논리에 막혀 좌절한다. 결국 유능한 기자들은 언론계를 떠나거나 체념한 채 일한다.

대한민국 방송 통신이 겪고 있는 문제 또한 역사적 뿌리가 깊다. 군사정권 시절, 방송은 정권의 정책을 일방적으로 홍보하고 정당성을 강변하는 나팔수 역할을 강요받았다. 한때 '땡전 뉴스'라는 표현으로 방송은 권력의 시녀라는 국민적 불신을 깊이 각인시켰다.

1987년 민주화 이후, 방송 독립에 대한 열망이 분출하며 공영방송 체제에 대한 논의가 본격화되었다. 그러나 정치적 독립성을 확보하기 위한 지배구조 개혁은 번번이 좌절됐다. 정권은 방송의 막강한 영향력을 포기하지 못했고, '국민의 방송'을 만든다는 명분 아래 교묘하게 지배력을 유지하는 방식을 택했다. 그 결과물이 바로 현행 공영방송 이사회 구성 방식이며, 정권 교체기마다 공영방송 사장이 임기를 채우지 못하고 물러나야 했다.

정치권력의 방송 장악 시도는 미디어 생태계 자체를 왜곡하는 방향으로 나아갔다. 그 결정적 사건이 바로 이명박 정부가 단행한 거대 신문사들에 대한 증편 허가다. 이는 특정 이념적 성향을 보인 신문사들에 방송이라는 강력한 무기를 쥐어 주어 여론 시장을 주도하려는 시도였다.

종편의 등장은 대한민국 미디어 환경에 구조적인 문제를 증폭시켰다. 제작비가 저렴하고 자극적인 시사 토크쇼가 난립하며 검증되지 않은 정보와 막말이 여과 없이 전파를 탔다. 이는 사회적 갈등을 부추기고, 정치적 양극화를 심화시키는 기폭제가 되었다. 또한, 한정된 광고 시장에 4개의 채널이 추가되면서 방송사 간의 출혈 경쟁은 극에 달했다. 결국 콘텐츠의 질적 저하와 선정성 경쟁으로 이어졌고, 이는 저널리즘의 위기와 방송의 공공성 약화를 가속화했다. 초기부터 각종 특혜를 받은 종편은 기울어진 운동장을 조성하며 미디어 생태계를 뿌리부터 흔들었다.

검찰이 조국 가족에 대한 수사에 열을 올릴 때, 검찰 발 기사를 연일 속보와 특종으로 쏟아 내던 언론을 기억한다. 당시 조국 전 장관이 자청한 기자회견장에서 마구잡이 중복 질문을 던지던 기자들의 수준을 생방송으로 지켜보며 한탄했다.

과거에는 젊은이들에게 기자라는 직업이 인기가 높았지만, 이제는 언론학과 졸업생들조차 언론사 취업을 꺼린다고 한다. 기존 제도권 언론의 미래에 대한 암울한 전망을 보여 준다.

최근 윤석열 전 대통령의 거부권 행사로 폐기되었던 '방송 3법'을 국회가 다시 추진하는 것은 권력의 외압으로부터 방송의 독립성을 지키기 위한 최소한의 제도적 장치라는 점에서 중요한 의미가 있다. 기득권을 내려놓고 방송을 국민에게 돌려주라는 사회적 요구에 대한 국회의 응답이다.

방송·통신 분야 또한 정치적 중립성 회복, 구조적 개혁, AI 기술 활용이라는 삼중 과제를 동시에 해결해야 한다. 12·3 비상계엄 사태가 보여 준 것처럼, 국민은 진실한 언론에 대한 갈망이 크다. 이제 제도적 뒷받침을 통해 지속 가능한 미디어 민주화를 실현할 때다.

대한민국 인터넷 환경은 1990년대 후반부터 2000년대 초반에 걸쳐 초고속 인터넷 인프라가 급격히 발전하면서 독특한 양상으로 발전한다. 높은 광대역 보급률과 피시방 문화의 확산으로 다른 나라에서 볼 수 없는 독특한 온라인 생태계를 조성했다. 초기 온라인 시장은 하이텔, 천리안, 나우누리 등 PC통신 서비스가 주도했지만 월드 와이드 웹의 등장과 함께 웹 포털로의 전환이 가속화되었다. 야후 코리아와 같은 세계적 기업들이 초기에 시장에 진입했으나, 국내 기업들은 빠르게 입지를 다지며 한국 인터넷 환경의 중심축으로 성장했다.

이러한 배경 속에서 네이버와 다음은 한국인의 디지털 생활에 깊숙이 자리 잡으며 단순한 검색 엔진을 넘어선 종합 포털로서의 지배력을 확립하게 된다.

이들이 한국 사회에 미친 큰 변화 중 하나는 뉴스 소비 패턴의 혁명이었다.

야후 코리아가 최초로 언론사로부터 뉴스를 공급받아 제공하기 시작하였으나, 당시 포털사이트는 뉴스를 주요 서비스로 인식하지 않았으며, 포털을 통해 뉴스 정보를 소비하는 이용자도 많지 않았다. 그런데 2002년을 기점으로 상황이 완전히 바뀌었다. 2002년 월드컵과 대통령 선거를 계기로 인터넷을 통한 정보 이용과 게시판 활동 등이 급격하게 증가하자 포털사이트들은 월드컵, 선거 등이 치러지는 시기에 정보 수요가 급증하는 것을 확인하고 뉴스의 상업적·서비스적 가치에 관심을 기울이기 시작하였다.

포털은 언론사에 콘텐츠 비용을 내며 뉴스 통합 모델을 구축하고 뉴스 소비를 이들 플랫폼에 집중시켰다. 이 과정에서 사용자 편의성과 포털은 성장했지만, 개별 언론사의 직접적인 영향력과 트래픽은 감소하였다. 특히 네이버는 뉴스 시장에서 압도적인 지배력을 확고히 하며 사실상 독점적인 위치에 올랐다.

종이 신문을 읽거나 신문 방송의 홈페이지를 찾아가는 대신, 네이버나 다음 등 포털의 뉴스캐스트를 통해 여러 언론사 기사를 한꺼번에 읽는 사람들이 많이 늘어난 것이다.

결과적으로 뉴스 통합 모델은 뉴스 소비 환경을 근본적으로 변화시켰고, 뉴스 생산자와 소비자 사이에서 포털을 필수적인 중개자로 만들며 권력을 집중시켰다.

국민 대부분이 포털을 통해 뉴스를 소비한다는 사실은 이들 플랫폼이 정보 확산에 있어 막대한 권한을 가지고 있으며, 공론의 장, 의제 설정, 심지어 정치적 영향력까지 통제하는 수준에 이르렀음을 시사한다.

이러한 권력의 집중은 단순한 시장 점유율 문제를 넘어 공공 정보와 여론 형성의 근간에 영향을 미치는 중대한 사회적 문제다.

포털에 오르는 상위 10위권의 언론사는 기득권을 대변하는 보수 언론 일색이며, 이들은 많이 본 뉴스의 대부분을 차지한다.

권력을 비판하는 진보적인 기사나 대안 언론의 탐사 보도는 아예 실리지도 못한다.

현재 포털은 언론사들이 자체 제작한 팩트 체크 기사를 모아서 보여 주는 등 제한적인 팩트 체크만 하고 있다. 이는 사후 대응 차원으로 가짜 뉴스의 확산 속도를 따라잡기에는 역부족이다.

한때 네이버와 해외 공익 재단의 재정 지원을 받아 운영되던 서울대학교 팩트 체크 센터는 AI 기술을 통한 언론 신뢰도 제고 가능성을 보여 준 국내 최초 팩트 체크 플랫폼으로 많은 기대를 모았다. 그러나 정치권의 압력으로 네이버의 재정 지원이 중단되고, 이후 해외 공익 재단의 지원도 끊기면서 현재 운영이 중단되었다.

포털을 통한 전체 뉴스 이용률은 감소하고 있으며, 언론인과 뉴스 콘텐츠 전반에 대한 신뢰도 또한 하락하고 있다. 이는 허위 정보, 알고리즘 편향성에 대한 인식이 단순히 개별적인 문제가 아니라 포털이 중심적인 역할을 하는 전체 뉴스 생태계에 대한 신뢰 위기로 이어지고 있음을 시사한다. 일부 사용자들이 국내 포털의 뉴스 처리 방식에 대한 불만으로 구글이나 유튜브와 같은 글로벌 플랫폼으로 이동하는 현상은 이러한 신뢰 하락의 한 가지 징후로 해석될 수 있다.

한국의 주요 포털은 이미 대기업화되어 있다. 검색, 커머스, 클라우드, 콘텐츠까지 장악하고, 광고와 데이터 리소스도 독점한다. 그 안에서 중소 업체나 독립 개발자가 성장할 여지는 거의 없다. 폐쇄적 구조 속에서 포털은 글로벌 확장 대신 국내 광고 시장에 머문다. 그 결과 AI 시대의 거대 언어모델 경쟁에서 한국 포털 기업의 존재감은 미미하다.

AI 시대는 근본적으로 다르다. 언어 장벽은 점차 약화되고, 사용자는 국경 없는 경쟁 속에서 최고의 기술과 서비스를 선택한다. 글로벌 무대에서는 한국 시장에서의 보호막이 전혀 작동하지 않는다. 독립적 기술력과 창의적 생태계가 없으면 뒤처진다.

포털은 정보의 품질과 무결성에 대해 큰 책임을 져야 하며, 정부와 국민의 감시와 객관적인 규제 감독을 받을 필요가 있다.

기존 언론에 대한 불신이 커지면서 유튜브와 같은 대안 미디어가 주목받고 있다. 많은 유튜브 채널이 기존 언론보다 높은 시청률을 기록한다. 특히 정치, 사회 이슈를 다루는 채널들의 영향력이 크게 증가했다.

유튜브의 장점은 다양성과 접근성이다. 기존 언론이 다루지 않는 주제나 관점을 제시할 수 있다. 시청자들과 직접적인 소통도 가능하다. 하지만 정보의 정확성이나 객관성 면에서는 한계가 있다. 선정적이고 자극적인 내용으로 조회 수를 늘리려는 경향도 있다.

유튜브 등 소셜 미디어 플랫폼을 통한 대안 미디어의 확산은 플랫폼 알고리즘에 의해 노출되는 콘텐츠를 소비하는 경향을 심화시킨다. 특히, 특정 정치 성향에 따른 유튜브 뉴스 이용률 차이는 보고 싶은 것만 보는 확증 편향을 강화하여 뉴스 소비의 양극화를 가속화하고, 건강한 공론장 형성을 더욱 어렵게 만든다. 이는 언론의 영향력 감소와 더불어 사회 전반의 정보 불균형을 심화시킬 수 있는 결과를 낳는다.

그런데도 유튜브가 기존 언론을 대체하는 현상은 언론계에 중요한 시사점을 준다. 독자들이 진정으로 원하는 것은 다양한 관점과 깊이 있는 분석이라는 점이다. 기존 언론이 이를 제공하지 못하니까 대안을 찾는 것이다.

기존 언론에서 탐사 보도를 주로 하던 많은 기자들이 대안 미디어로 옮겨 활발하게 활동한다. 그들은 좋은 기사만으로도 언론사의 안정적인 운영이 가능하다는 새로운 모델을 만들려고 노력한다.

시민들의 독립 언론을 표방한 '뉴스타파'는 대표적인 탐사 보도 전문 매체인데, 그들은 광고 없이 시민 독자들의 소액 후원금만으로 회사를 운영한다. 일반시민 기자들이 직접 기사를 쓰는 오마이뉴스 역시 '10만인 클럽'이라는 시민들의 소액 구독료이자 후원금에 힘입어 대안언론으로 자리매김했다.

대중은 더 이상 기성 언론의 정보만을 맹목적으로 받아들이지 않으며, 스스로 정보를 탐색하고 분석하며 재구성하는 능동적인 주체로 변화하고 있다.

이들은 일방적인 정보 전달만이 아니라 구독자나 시청자와 적극적으로 소통하며 토론의 장을 만드는 커뮤니티의 중심 역할도 한다. 이는 미디어에 대한 충성도와 신뢰를 높이는 핵심 요소다.

낡은 언론은 외면받겠지만 기술 혁명은 끊임없이 새로운 언론의 길을 열어 갈 것이다.

'뉴스타파'가 르포 형식의 다큐멘터리 영화로 제작한 〈압수수색: 내란의 시작〉과 〈족벌-두 신문 이야기〉는 우리 사회의 핵심 과제인 검찰과 언론 개혁이 얼마나 절실한지 보여 준다.

광고주나 권력으로부터 독립적인 언론을 기대하는 민주시민은 이들에게 그에 합당한 비용을 후원할 필요가 있다.

인공지능 기술은 언론계의 구조적 문제를 해결할 수 있는 강력한 도구가 될 수 있다. 객관적이고 진실에 근거한 팩트 체크 기능이 우리 사회에 작동되어야 한다는 앞선 지적처럼, AI는 이런 역할을 효과적으로 수행할 수 있다.

AI 팩트 체크 시스템은 정치인들의 발언이나 언론 보도의 사실 여부를 실시간으로 검증할 수 있다. 과거 발언과의 일관성, 통계 데이터의 정확성, 인용 출처의 신뢰성 등을 종합적으로 평가한다. 이는 가짜 뉴스나 허위 정보의 확산을 효과적으로 막을 수 있다.

무엇보다 AI는 감정이나 이해관계 없이 순수하게 사실만을 확인한다. 정치적 편향이나 경제적 이해관계가 개입될 여지가 없다. 이는 현재 언론계의 가장 큰 문제인 정파성과 이해관계의 개입을 근본적으로 차단할 수 있다.

AI는 뉴스 생산 과정 자체도 혁신할 수 있다. 천편일률적인 보도 대신 독자의 다양한 관심사와 수준에 맞는 맞춤형 뉴스를 제공할 수 있다. 같은 사건이라도 정치적 관점, 경제적 관점, 사회적 관점 등 다양한 각도에서 분석한 기사를 자동으로 생성할 수 있다.

데이터 분석을 통해 독자들이 실제로 필요로 하는 정보가 무엇인지 파악할 수 있다. 클릭 수나 체류 시간 같은 단순한 지표가 아니라 정보의 가치와 사회적 필요성을 종합적으로 평가한다. 이를 통해 선정적이고 자극적인 내용보다는 유익하고 의미 있는 콘텐츠 생산을 유도할 수 있다.

AI는 또한 탐사 보도의 효율성을 크게 높일 수 있다. 방대한 양의 공공 데이터, 법원 판결문, 기업 공시 자료 등을 분석해서 숨겨진 패턴이나 연관성을 찾아낸다. 인간 기자가 몇 달에 걸쳐서 해야 할 작업을 몇 시간 만에 완료할 수 있다.

AI 시스템은 모든 보도의 근거와 출처를 투명하게 공개할 수 있다. 익명의 취재원에 의존한 모호한 보도 대신 구체적이고 검증할 수 있는 정보를 제공한다. 독자들은 각 정보의 신뢰도를 실시간으로 확인할 수 있다.

보도 과정의 투명성도 확보할 수 있다. 어떤 데이터를 어떻게 분석했는지, 어떤 기준으로 판단했는지 모든 과정을 공개한다. 이는 민주주의의 기본 원칙인 투명성과 책임성을 언론계에도 적용하는 것이다.

잘못된 보도에 대한 책임 추궁도 명확해진다. AI 시스템은 모든 판단 과정을 기록하고 보존하여 오보가 발생했을 때 어떤 단계에서 어떤 문제가 있었는지 정확히 파악할 수 있다. 이는 언론의 책임성을 크게 강화할 수 있다.

AI를 활용한 언론 개선이 성공하려면 국가 차원의 제도적 뒷받침이 필요하다. 먼저, 언론 관련 데이터의 표준화가 중요하다. 정부 각 부처, 공공기관, 민간 기업의 데이터가 AI 시스템에서 활용될 수 있도록 통일된 형식으로 제공되어야 한다.

개인 정보 보호와 데이터 활용의 균형도 찾아야 한다. AI 팩트 체크 시스템이 효과적으로 작동하려면 충분한 데이터가 필요하다. 하지만 개인의 프라이버시도 보장되어야 한다. 익명화 기술과 차등 프라이버시 등을 활용해서 이 두 목표를 조화시켜야 한다.

언론사들의 AI 도입을 지원하는 정책도 필요하다. 특히 중소 언론사들이 AI 기술을 활용할 수 있도록 기술 지원과 재정 지원을 제공해야 한다. 동시에 AI를 악용하여 가짜 뉴스를 생산하거나 여론을 조작하는 행위는 엄격히 규제해야 한다.

AI 시대에 맞는 언론인 교육도 중요하다. 기자들이 AI 도구를 효과적으로 활용할 수 있도록 교육해야 한다. 데이터 분석 능력, 통계적 사고, 디지털 리터러시 등이 기본 소양이 되어야 한다.

동시에 AI가 할 수 없는 영역에서의 언론인의 역할을 강화해야 한다. 현장 취재, 인터뷰, 맥락적 해석, 윤리적 판단 등은 여전히 인간 언론인의 고유 영역이다. AI와 인간이 각자의 장점을 살려 협력하는 체계를 구축해야 한다.

AI 기술은 시민들의 언론 참여를 확대할 수 있는 기회도 제공한다. 시민 기자 제도를 AI로 뒷받침하여 일반 시민들도 질 높은 보도를 할 수 있도록 지원할 수 있다. AI가 사실 확인, 법적 검토, 편집 등의 기술적 업무를 담당하면 시민들은 취재와 분석에 집중할 수 있다.

독자들의 피드백과 평가도 실시간으로 반영할 수 있다. AI 시스템이 독자들의 반응을 분석해서 보도의 품질과 유용성을 평가한다. 이는 언론사들이 독자 중심의 콘텐츠를 만들도록 유도하는 강력한 동기가 된다.

언론의 사회적 책임을 평가하는 객관적 지표도 개발할 수 있다. 사실 정확성, 다양성, 공정성, 사회적 기여도 등을 정량적으로 측정하여 공개한다. 이는 언론사 간의 건전한 경쟁을 유도하고 전체적인 언론 수준을 향상할 수 있다.

대한민국 언론의 문제는 개별 언론사나 기자의 문제가 아니라 시스템 전체의 문제다. 정치적 정파성, 경제적 이해관계, 책임 회피 문화 등이 복합적으로 작용하여 언론의 기본 기능을 마비시켰다. 이런 상황에서 전통적인 개선 방법으로는 근본적 변화를 기대하기 어렵다.

AI 기술은 이런 구조적 문제를 해결할 수 있는 강력한 도구다. 객관성, 투명성, 효율성이라는 AI의 특성이 현재 언론계의 문제점을 직접적으로 해결할 수 있다. 하지만 기술 자체가 만능은 아니다. 정부와 국회가 주도하는 강력한 제도적 뒷받침, 사회적 합의, 언론인의 의식 변화가 함께 이루어져야 한다.

2024년 말 국회 본회의를 통과하고 2026년 시행 예정인 AI 프레임워크법은 아시아 최초의 포괄적 AI 입법으로, 유럽연합의 AI 법과 유사한 구조로 글로벌 AI 규제 모델로 주목받고 있다. AI 생성 콘텐츠 표시 의무화와 고위험의 AI 시스템을 규제하여 투명성을 높이는 것이다. 정부는 대규모의 AI 데이터센터 구축과 중소기업 및 스타트업의 AI 혁신을 통해 개인 미디어 활성화를 지원한다고 한다.

과거의 실패를 반복하지 않기 위해서는 AI의 객관적이고 투명한 분석 능력을 적극적으로 활용해야 한다는 지적이 언론계에도 그대로 적용된다. 정치적 이해관계나 기득권의 개입 없이 순수하게 사실과 데이터에 기반한 보도가 가능해질 때, 언론은 비로소 민주주의의 기둥이라는 본래 역할을 회복할 수 있을 것이다.

국방은 더 이상 성역이 아니다

2024년 12월 3일 '비상계엄' 사태는 군이 정치권력의 도구로 전락할 수 있음을 극명하게 드러냈다.

윤석열 전 대통령은 전국에 비상계엄을 선포하고, 국회에 계엄군을 투입했다. 그는 야당인 민주당을 반국가 세력과 북한 공산주의자와 연계된 세력으로 비난하며, 국회의 예산 반대와 내각 탄핵 시도가 민주주의를 위협한다고 주장했다. 이 선언은 정치 활동 금지, 언론 자유 억제, 주요 정치인 체포 명령을 포함했다. 군은 국회에 특전사를 파견해 의원들의 투표를 막으려 했으나, 국민과 국회의 강력한 반발로 6시간 만에 철회되었다.

이 사건은 군이 아직도 정치적 도구로 사용될 수 있음을 보여 준다. 군의 정치적 중립성은 민주주의의 핵심인데, 대통령의 명령에 군이 즉각 반응한 것이다. 군 내부에 '하나회' 같은 정치적 사조직이 아직도 결속할 수 있음을 시사한다.

군의 정치화, 폐쇄적 문화는 더 이상 방치할 수 없는 수준에 이르렀다.

국가 안보의 관점에서 현재의 국방 시스템은 진정한 안보를 보장하지 못한다. 막대한 예산을 투입하면서도 자주국방 능력은 여전히 제한적이고, 정작 중요한 순간에는 헌법 질서를 위협하는 도구로 전락할 위험성을 보여 주었다.

민주주의의 관점에서 군의 정치적 중립성 훼손은 민주주의 근간을 흔드는 중대한 위협이다. 문민통제 원칙이 무너진 상황에서는 언제든 또 다른 내란 시도가 가능하다.

국방비는 매년 사상 최대치를 경신하고 있다. 2025년 국방예산은 약 60조 원 규모로 국내총생산의 2.5%에 달한다. 그런데도 '국방력 세계 5위'라는 수치는 재래식 전력과 병력 규모 등의 정량적 우위만을 반영할 뿐이다. 첨단 장비를 다룰 전문 정비 인력은 절대적으로 부족하며, 방산업체와 군의 협력 모델이 폐쇄적이라 민간 우수 인력의 유입 또한 제한적이다.

군 내부 문화는 여전히 '군기'와 '상명하복'을 최우선 가치로 삼는다. 문제점을 지적할 수 없으며, 연구와 혁신을 추구하기보다는 기존 관행을 반복하며 안전지대를 벗어나지 않는다. 이 때문에 새로운 기술을 시험하려는 실험 정신이나 창의적 사고는 억눌린다.

또 군무원·예비역·민간 전문가가 어우러져 문제를 해결하는 '융합형 조직문화'는 거의 찾아볼 수 없다. 국방 연구기관이 있지만, 이들이 현장 부대와 긴밀히 협업하는 구조는 미흡하다. 기술 개발은 조달 절차와 결합하며 지체된다.

　대한민국 국방 시스템은 지금 근본적인 위기에 처해 있다. 우리가 믿고 의지했던 '국군'은 내부로부터 곪아 터지고 있다. 이것은 단순히 몇몇 무기 도입의 실패나 방산 비리 차원의 문제가 아니다. 비효율적 국방예산 운용은 국가 재정에 부담을 주고 있으며, 시스템 자체가 20세기 산업화 시대의 망령에 사로잡혀 인공지능 시대라는 거대한 파고 앞에서 좌초하고 있다.

　대한민국 군의 정치화는 미국의 영향력 아래 반공주의와 국가 안보를 강조하며 시작되었다.

　군대는 본래 정치적 중립을 지켜야 하는 조직이다. 하지만 분단 상황과 전쟁을 거치면서 군대가 정치권력과 밀접하게 결합하는 구조가 고착화되었다. 이는 민주주의 발전에 치명적인 독이 되었다.

　12·3 내란과 윤석열의 '격노'로 시작된 해병대 채상병 사건의 수사 과정을 보노라면, 군 고위 관계자들의 무능과 비겁한 모습에 낯이 뜨거워진다. 국민은 비록 잘못한 점이 있더라도 군인다운 모습을 기대하는데, 어느 한 사람도 진실을 말하지 않는다. 그들은 군인으로서의 명예보다는 생존에 급급한 거짓으로 일관하며 책임을 회피하려는 태도를 보였다.

　과거에도 군은 비슷한 패턴을 보였다. 1980년 광주 5·18민주화운동 때 군은 시민들을 학살했지만, 이후 책임을 인정하지 않고 오히려 '반란 진압'으로 합리화했다. 이러한 문화는 군 내부에 깊이 뿌리내린

책임 회피와 권력 남용의 관행을 낳았다. 이는 군이 민주주의와 법치주의를 위배하는 행동을 반복적으로 저지르는 이유이기도 하다.

이번 12·3 비상계엄은 과거 군이 주도했던 5·16쿠데타나 1980년 5·17 비상계엄 전국 확대 조치와는 또 다른 양상이었다. 그때는 군이 정권을 잡으려 한 군사 정변이었다. 그러나 12·3은 대통령이 군을 움직인 '친위 쿠데타'였다는 점에서 차이가 있다. 군 자체가 주도권을 쥔 게 아니라, 정치권력이 군을 끌어들여 이용했다는 것이다.

군은 본연의 임무인 국민의 생명과 안전 보호는 뒷전으로 하고, 최고 통수권자의 사적인 권력 유지에 동원된 셈이다. 이 과정에서 군인들은 명령에 따랐을 뿐이라며 책임을 회피하는 모습을 보이기도 했는데, 이건 군이 정치적 중립성을 상실하고 권력의 도구로 전락했음을 적나라하게 드러낸다.

또한 흥미로운 점은 과거의 비상계엄에는 늘 학교 휴교령이 포함되어 있었다. 이는 당시 군부 독재가 학생들의 저항과 시민들의 조직적인 움직임을 얼마나 두려워했는지 보여 주는 지점이다. 그런데 12·3 계엄에는 학교 휴교령이 없었다. 이번 내란의 주역들은 학교나 학생들은 이젠 두려운 존재가 아니라는 사실을 인정하고 있었다는 것으로 보인다.

언론사도 MBC, 뉴스 공장 등 소수 진보 언론사만을 제압하려 했을 뿐, 대부분의 언론을 통제하는 계획은 보이지 않았다. 대다수 주요 언론은 계엄에 저항하지 않을 것이라는 판단을 했다는 것이다.

이번 내란 사태를 주도한 현역 지휘관들과 예비역 장성들이 육사 출신 일색이라는 사실도 주목할 만하다. 그들은 한국 현대사의 군사 반란에 늘 주역으로 등장한다.

육사는 지난 2018년 '3·1운동 및 대한민국임시정부 수립 99주년을 맞이해 후배 장병들이 사용했던 탄피를 녹여 흉상을 세우다'는 문구와 함께 육사 중앙현관 앞에 홍범도 장군 흉상을 설치했다. 그러나 불과 몇 년 후, 독립 전쟁의 역사를 지우려는 윤석열 정부의 뜻에 따라 이를 철거하려고도 했다.

군 수뇌부의 무능과 폐쇄성은 사관학교 교육에서부터 비롯된다.

사관학교는 전면 무상 교육이다. 학비는 물론 모든 비용은 국가에서 지원하고 4년 동안 월급도 받는다. 육사생도 1명을 키우는데 세금 2억 5천만 원이 들어간다고 한다. 이렇게 20대 초반에 소위 임관하고 20년~30년 근무하견, 40대, 50대에 대부분 중령 또는 대령으로 전역하며 일부는 장군으로 진급한다.

중령으로 퇴직하면 350만 원 이상의 연금을, 대령으로 퇴직하면 400만 원 이상의 연금을 다음 달부터 즉시 받는데, 대령부터는 연금에 품위유지비 80만 원을 추가로 받는다.

이들은 평생 국민의 세금으로 다른 공무원보다 월등한 혜택을 받는다.

최근 군의 행태를 지켜보면 장군이나 장군 출신의 고위급 공직자들보다 영관급 장교, 사병들이 더 민주적이며 군인다운 모습인데, 이는 고위직 군인의 정치화를 보여 준다.

별을 달고 고위직에 오르려면 정치력이 중요하다는 것이다.

사관학교에서 이루어지는 교육은 군국주의적 사고에 근거한다. '충성', '복종', '명예'와 같은 추상적 가치만 강조될 뿐, 민주주의 시민으로서의 정체성을 키우는 교육은 극히 빈약하다. 권위에 대한 비판은 금기시되고, 상명하복은 절대 규범으로 간주한다. 이런 환경에서 자란 장교들은 정치권력과 결탁하거나 비판을 수용하지 못하는 폐쇄적 집단으로 성장한다.

현재의 사관학교 교육 제도는 정보화 시대에 걸맞은 인성 교육 및 수월성 교육과는 너무 동떨어져 있다. 사관학교 교육을 각 군 책임 아래 실시하고 있는데, 융복합 시대에 폭넓고 다양한 민주 시민의식이 투철한 생도 교육으로 전환해야 한다.

한국의 군대는 미군 체계를 모방했지만, 정작 중요한 문민통제 메커니즘은 제대로 이식되지 않았다.

사관학교의 입학 희망자들도 점차 줄고 있는데, 이는 군의 이미지와 미래 전망이 부정적으로 인식되고 있음을 반영한다. 사관학교가 더 이상 청년들에게 매력적이지 않으며, 군이 사회적 신뢰를 잃고 있음을 보여 준다.

직업군인도 국민으로서 시민의식과 직업 전문성이 조화를 이룰 때 건강한 군대 조직이 될 것이다.

한국 국방 시스템의 문제점은 단순한 효율성 부족을 넘어 구조적 무능과 무책임의 차원에 이른다.

대한민국 국방 R&D와 시스템은 군인이 모든 것을 주도한다.

민간의 뛰어난 AI 기술자, 소프트웨어 엔지니어, 데이터 과학자들이 국방 분야에 참여하고 싶어도 이 경직된 관료주의와 군 문화의 장벽을 넘기란 불가능에 가깝다. 그들은 국방 시스템의 주체가 아닌, 군의 요구 사항에 맞춰 부품을 납품하는 하청업체 취급을 받을 뿐이다. 이러한 구조는 혁신적인 아이디어가 시스템 내부로 유입되는 것을 근본적으로 차단하는 가장 큰 원인이다.

국군은 전시작전권과 평시작전권을 막론하고 미국에 의해 작전과 주요 장비 사용에 통제를 받는 상태에서 운영되고 있다. 이러한 미국 의존적 구조에서는 진정한 의미의 자주국방이 불가능하다. 미국산 무기체계 도입이 우선시되고, 독자적 기술 개발은 뒷전으로 밀린다. 결과적으로 막대한 예산을 투입해도 대외 의존도만 높아지는 악순환이 반복된다.

한국 방위산업의 문제 또한 단순한 기술 부족이 아니라 관료적 의사 결정과 기득권 카르텔에 있다. '군피아'라는 구조적 악습이 존재한다.

현역 시절 쌓은 인맥을 통해 군의 요구 성능 결정 과정에 영향력을 행사하고, 퇴역 후에는 해당 업체에 재취업하여 납품 계약을 따내는 검은 커넥션은 공공연한 비밀이다. 이들은 군의 폐쇄성을 무기 삼아 외부의 감시와 견제를 차단하고, 기술력 있는 중소기업이나 민간 혁신 기업의 진입을 원천적으로 막는다. 표면적으로는 방산 수출이 증

1장 우리 사회에 필요한 인공지능 91

가하고 있지만 핵심 기술의 해외 의존도는 여전히 높고, 혁신 생태계는 폐쇄적이다.

더욱 심각한 것은 인재 확보의 구조적 한계다. 제한적인 급여 수준, 프로젝트 기반의 불안정한 고용, 보안 유지 요구 사항으로 인해 방산업계 R&D 전문 인력이 심각하게 부족하다. AI, 드론, 사이버보안 분야에서 민간 기업 대비 기술 수준이 현저히 낮고, 스타트업과의 협력은 제한적인 상황이다.

미국과 이스라엘의 성공 사례는 한국의 폐쇄성과 극명한 대조를 보여 준다.

미국의 DARPA는 50년간 인터넷, GPS, 스텔스 기술, 드론, 음성인식, mRNA 백신 등을 개발하며 '현대 세계를 만든 기관'이라는 평가를 받고 있다.

DARPA는 직접 무기를 개발하지 않는다. 대신 민간기업, 대학, 연구소에 파격적인 자금을 지원하며 아이디어를 찾는다. 성공 가능성이 희박한 고위험-고수익 연구를 장려하고, 실패를 과정의 일부로 인정한다. DARPA의 핵심은 군인이 아닌, 각 분야 최고의 민간 전문가들이 프로젝트 매니저를 맡아 독립적인 권한을 갖고 연구를 이끈다는 점이다. 이는 군의 경직된 상명하복 문화와는 완전히 대척점에 있다.

이스라엘의 Unit 8200 또한 놀라운 성과를 보여 준다.

연간 1,000명의 19세 신병을 선발하여 실전과 같은 고강도 사이버 작전 경험을 쌓게 한 결과, 여기 출신들이 1,000개 이상의 벤처기업을 창립하였다. 그들은 수많은 유니콘 기업으로 성장하고, 일부는 체크포인트, 사이버아크, 와이즈, 바이버 등의 글로벌 기업이 된 것이다.

군의 정치화와 폐쇄적 문화를 타파하려면 조직 구조부터 개편해야 한다. 민간 출신 장교 비율을 확대하고, 합참과 국방부 의사 결정 과정에 시민사회 전문가를 참여시켜야 한다. 국회 국방위원회도 단순 예산 심의에 그치지 않고 실질적 정책 검증 기능을 강화해야 한다.

교육과 인사 시스템도 바꿔야 한다. 장교·부사관 전반에 민주 시민으로서의 책임과 전문성을 갖추도록 교육 과정을 혁신하고, 도전적 과제 수행자를 승진에 유리하도록 해야 한다.

궁극적으로는 국민과 함께 호흡하는 개방형 국방 시스템으로 전환해야 한다.

군사 기밀과 민간의 혁신이 교차하며 새로운 시너지를 낼 때 국방의 실질적 능력이 높아진다. AI, 자율 시스템, 빅데이터 등의 기술을 선도적으로 통합·분석·활용하는 역량이 절실하다.

AI 기술은 인간의 개입 없이 기계가 전술적 결정을 자동 실행하는 완전 자율 전투 시스템이 현실화되고 있다. 미국은 2025년까지 수천 대의 소형 자율 드인기 배치를 예정하고 있고, 중국은 2년 내 완전 자율 AI 무기를 실전 배치할 가능성이 높다.

최근 이스라엘-하마스 전쟁에서 이스라엘 방위군은 AI 시스템을 적극 활용했다. 이 시스템은 방대한 양의 감시정찰 데이터를 실시간으로 분석하여 하루 250개 이상의 표적을 처리하며 AI의 군사적 활용이 현실임을 보여 주었다. AI가 표적을 추천하면, 인간 지휘관은 최종 공격 여부를 결정한다. 이는 의사 결정의 속도와 정확성을 극대화하여 전장의 주도권을 장악하는 AI 전쟁의 서막을 보여 준다.

또한 아이언 돔 방어 시스템 역시 날아오는 수천 발의 로켓 중에서 실제 위협이 될 로켓만 정확히 식별하여 요격하는데, AI 기반의 정교한 알고리즘을 사용한다. 이스라엘에게 AI는 미래 기술이 아니라 현실의 무기다.

우크라이나-러시아 전쟁에서 각국이 2025년 400만 대의 드론 사용을 계획하는 것도 무인 시스템의 급속한 확산을 보여 준다.

미국, 중국, 이스라엘 등 주요 국가들은 AI 기반 국방 시스템 개발에 막대한 예산을 투자하고 있고, 드론, 로봇, 지휘 통제 체계 등에 AI를 적용해 실질적인 성과를 내고 있다.

이제 대한민국의 국방에도 AI 시대의 솔루션이 절실하다. 단순 업무 자동화에서 벗어나 실질적 업무 혁신이 필요하다. 예를 들어, 전투 상황에서 통신 장애나 데이터 절벽 문제를 해결하기 위해 현장에 즉시 적용할 수 있는 맞춤형 AI 모델을 개발해야 한다.

특히 방대한 군사 데이터를 실시간 분석해 전장 상황을 예측·평가하는 예측 분석 AI가 중요하다. 이를 통해 상급 부대는 지휘 결심을 신속히 내리고, 장병은 위험 노출을 최소화할 수 있다. AI 기반 자율 경계 드론·로봇 병사 운용도 조기에 상용화해야 한다.

12·3 내란 이후 드론작전사령부라는 군사 조직을 주목한다.

미국, 중국, 러시아 등의 군사 강국들은 AI 기반의 자율 무기 시스템에 많은 투자를 하고 있으며, 그중에서도 드론이 핵심 전력으로 떠오르고 있다.

2022년 말 서울 등 수도권 상공에 북한의 무인기가 침투하고 돌아간 이후, 윤석열의 지시로 2023년 9월 1일 공식 창설했다. 창설 목적은 북한의 무인기 도발에 대응해 감시, 정찰, 전자전, 심리전 등 다양한 군사 드론 임무를 수행하는 것이다.

그러나 출범 이후 계속 들려온 소식은 드론 추락, 고장 사고였으며, 북한의 오물 풍선이 서울에 떨어질 때까지 방어도 하지 못했다. 한강변에서 취미로 띄우는 일반 드론과는 비교도 못 할 비용을 들였을 텐데, 도무지 이해할 수 없었다. 그런데 12·3 직전인 2024년 10~11월 드론사령부가 여러 번 평양 무인기 침투를 시도했다는 사실이 드러났다. 또한 임무 실패나 무인기 추락이 발생하자, 작전 기록을 조작·은폐하거나 작전 경로 삭제 등 조직적 은폐 시도도 했던 것으로 특검에 의해 밝혀졌다.

비상계엄 명분을 마련하기 위해 작전을 수행한 것으로 수사 중인 이 사건은 대단히 충격적이고, AI 시대 국방 시스템의 위험성을 단적으로 보여 주는 사례다.

AI 기술을 다루는 군사전문가에 의해 위험한 작전이 수행될 수 있으며, 이는 전쟁을 도발할 위험성이 크다는 현실을 보여 준 것이다.

더구나 국회나 언론에서 전혀 반성하지 않고 거짓으로 일관하는 드론 사령관의 태도는 무책임한 정치군인의 뻔뻔한 모습이다.

한국 군병력은 2025년 기준 약 45만 명으로, 심각한 인구 감소로 인해 최근 6년 사이 11만 명 이상 급감했다. 그러나 장성급 숫자는 거의 그대로 유지되어 예산 낭비는 물론 조직의 효율성을 떨어뜨릴 수 있다. 장성 진급 후 불필요한 보직이 유지되거나, 꼭 장군이 아니어도 되는 자리를 만들 수도 있다. 이들이 흔히 말하는 '똥별'이 되어 정치군인이 되는 것이다.

병력 감소 추세가 지속되고, 전투와 지휘의 AI화가 현실화되면 고위급 중심의 군대 구조는 더욱 낡은 체제가 될 가능성이 높다. 숫자만 많은 상층 관리직은 군의 미래 경쟁력에 독이다. 군 조직의 인력-계급 구조를 데이터로 냉정하게 재검토하고, 실질적 현장 전투역량 및 기술 혁신에 집중해야 한다.

또한, 대한민국 군대가 AI, 사이버 침투, 드론 등 새로운 기술 분야에서 북한에 밀리고 있다는 우려도 낳게 한다.

북한은 AI 기반 공격·여론 조작·디지털 금융 범죄까지 수행할 능력을 갖추었다. 북한 해커들은 세계적으로도 유명하며, 실제로 해킹하기 가장 어렵다는 블록체인 기반 암호화폐를 탈취한 사례도 있다. 또한 AI 기반 표적 인식, 공격이 가능한 자폭 드론을 대량 보유한 것으로 알려졌으며, 이를 신속히 전력화하기 위해 러시아와 기술과 실전 협력을 함께 하고 있다.

AI 혁명 시대에 살아남으려면 기존 국방 시스템의 근본적 해체와 재구축이 불가피하다. 신속 조달 권한과 예산을 보유한 독립적 조직을 운영하여 기존 관료적 절차를 우회해야 한다. 군과 방산업체, 연구기관이 참여하는 데이터 공유 플랫폼을 구축하고, 민간의 우수 알고리즘을 적극적으로 도입해야 한다.

인재 유치와 조직문화 혁신은 더욱 시급하다. 군 장교의 민간 AI 기업 파견 근무제 도입과 예비역 IT 전문가의 국방 기술 개발 참여 확대를 통해 민군 인재 교류를 활성화해야 한다. 계급 중심에서 전문성 중심 조직으로 전환하고, 젊은 장교들의 혁신 아이디어 제안과 실행 권한을 확대해야 한다.

한국의 특수한 안보 환경은 도전이자 기회다. 북한의 핵·미사일 위협 증가와 중국의 군사적 부상, 인구 감소에 따른 병력 부족이라는 삼중 도전에 직면해 있지만, 이는 AI 기술을 통한 획기적 해결책의 필요성을 더욱 절실하게 만든다.

DMZ 특화 AI 감시 시스템과 북한 특수부대 침투 탐지용 AI 센서망 구축, 터널 탐지 로봇과 자율 대응 시스템 개발을 통해 한국만의 고유한 국방 기술을 축적할 수 있다. 북한 미사일의 궤도 예측과 요격 성공률 증가를 위한 AI 활용과 극초음속 미사일 대응 초고속 의사 결정 시스템 개발은 전 세계가 주목하는 기술이 될 수 있다.

중국이 군민 융합 정책을 통해 민간기업을 군사 기술 개발에 긴밀하게 통합하고 있고, 미국이 실리콘밸리의 혁신 역량을 국방에 적극 활용하고 있는 상황에서 한국이 관료주의적 관성과 기득권 옹호에 매몰두되어 있을 시간이 없다.

안규백 국방부 장관이 64년 만의 문민 출신 장관으로 취임하며 "우리 국방부와 군은 비상계엄의 도구로 소모된 과거와 단절하고 오직 국가와 국민을 지키는 데만 전념하는 국민의 군대로 거듭날 것"이라고 밝혔다.

개방형 국방 혁신만이 답이다.

미국의 DARPA, 이스라엘의 Unit 8200처럼 젊은 인재들이 도전하고 혁신할 수 있는 생태계를 만들 때만이 한국도 진정한 국방 강국이 될 수 있다. 기득권 세력의 저항을 극복할 수 있는 강력한 정치적 의지와 사회적 합의가 지금 당장 필요하다.

2장

내가 체험하는 AI

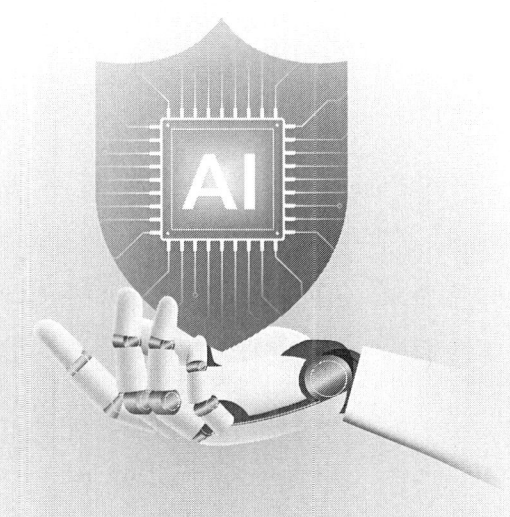

일단,
질문을 시작하자

나는 전형적인 문과형 인간이다.

어린 시절부터 문학과 철학, 기독교 관련 서적을 탐독하며 인문학 분야에서 인생을 보낼 것이라 막연히 생각했다. 자의 반, 타의 반으로 IT 분야에 발을 담그지 않았더라면 컴맹으로 평생을 살았을 가능성이 높다. 지금도 PC나 휴대폰 사용 중 문제가 생기면 집사람의 도움을 받아야 하는 처지다.

특히 숫자나 공간 파악 능력에서는 주변 사람들을 놀라게 하는 경우가 많다. 고스톱이 끝나면 내 점수 계산을 못해 핀잔을 듣기도 하고, 이사한 집을 찾지 못해 한동안 헤맨 적도 있다.

프로그램 개발이나 설계보다는 시스템과 네트워크 관련 분야를 주로 하다 보니 IT의 큰 흐름을 직관적으로 체험할 기회는 많았다. 예전 어떤 교육 프로그램에서 자신에게 가장 유용한 발명품 두 개를 선정하고 토론하는 시간이 있었는데, 나는 전자계산기와 내비게이션을 선택했다. 지금도 간단한 덧셈, 뺄셈을 PC나 휴대폰 계산기로 하고, 아무리 자주 가는 길도 내비게이션 안내 없이는 불안하다.

내비게이션이 없던 시절, 자가용이나 렌터카에는 예외 없이 지도가 비치되어 있었다. 인터넷 초기 실리콘밸리에 자주 출장을 갔는데, 실리콘밸리에서 샌프란시스코로 이어지는 101번 프리웨이는 단순하고 교통량도 많지 않아 지도를 보며 쉽게 운전할 수 있었다.

그런데 동부 보스턴과 뉴욕에서 렌터카를 이용해 보니 완전히 다른 세상이었다. 보스턴에서는 일방통행로 바로 옆에 내가 묵던 호텔이 있었지만, 호텔을 지나치며 출구 연결을 잘못해 몇 번을 헤맸는지 모른다. 뉴욕에서는 어찌어찌 헤매다 저녁 무렵 할렘가를 빙빙 돌며 아찔했던 기억도 있다.

전자계산기나 내비게이션이 실용화된 이후의 세대는 이런 기술이 얼마나 세상을 편리하게 바꾸었는지 이해할 수 없을 것이다.

IT 분야에서 30여 년 일을 마치고, 현재는 실리콘밸리에서 검증된 기술을 국내 투자사나 기술 협력사와 연결해 주는 일을 하고 있다. 이 과정에서 AI의 놀라운 발전 속도를 실감한다.

처음 일을 시작할 때는 주로 4차 산업이라는 범주에서 바이오, 신소재 기술이나 자율자동차 관련 기술들을 소개받았지만, ChatGPT 이후로는 모든 기술 자료가 AI와 관련되어 나오고, 미국에서의 투자 규모도 점차 커지는 것을 실감했다. 팬데믹 시기 화이자, 모더나 등 미국 제약사들이 백신 개발에서 두드러진 성과를 보인 것도 AI 기술을 적극 활용했기 때문이라는 사실을 알게 되었다.

자연스럽게 생성형 AI 시대를 연 ChatGPT를 접하면서 기존 IT 기술과는 완연히 다른 새로운 시대가 열리고 있다는 것을 직감할 수 있었다.

최근 일반인들을 대상으로 강의하다 보면, 대부분 AI에 관한 관심은 많지만 어떻게 효과적으로 학습할지 너무 막연하다고 한다. "나는 컴맹인데 배울 수 있겠나?", "워드, 엑셀도 제대로 못 하는데 AI를 할 수 있을지" 등 여러 질문과 우려를 함께 의논하는 경우가 많다.

IT 분야에서 오래 일했던 나도 워드, 엑셀의 기초 기능만 겨우 사용한다. 실제로 컴퓨터 비전문가인 일반인들이 가장 많이 사용하는 워드나 엑셀도 컴퓨터 기능에 대한 이해가 있어야 제대로 활용할 수 있다는 점은 분명하다.

그러나 생성형 AI는 컴맹이든 컴퓨터 전문가든, 같은 조건에서 공부할 수 있다. 문과, 이과로 구분해 볼 때, 오히려 문과 출신이 더 잘 활용할 수 있다는 생각도 한다.

요즘 인공지능이라 부르는 생성형 AI가 나오기 전까지 우리가 사용하던 모든 컴퓨터 관련 기술들은 인간이 만든 컴퓨터 언어의 범위 안에서 이루어졌다. 인간이 컴퓨터 언어를 만들고, 그 언어를 배운 전문 프로그래머들이 필요한 기능을 하나씩 코딩하여 만든다. 이렇게 만든 여러 프로그램을 조합하여 업무를 효율적으로 할 수 있는 시스템이나 도구들을 만들어 사용했다. 즉, 인간이 학습하여 컴퓨터를 활용하는 것이지 컴퓨터는 인간의 언어를 직접 이해할 수도 없고, 인간의 창조적 능력을 모방하거나 대체할 수 없었다.

생성형 AI는 컴퓨터 기술의 발달로 사람의 뇌 구조를 모방한 인공신경망을 만들고, 여기에 머신러닝, 딥러닝과 같은 고급 알고리즘을 사용하여 복잡한 데이터 패턴을 학습한다. 인공지능이 인간의 언어를 직접 이해하여 사용자가 요구하는 텍스트, 이미지, 음악 등 다양한 형태의 콘텐츠를 제공하는 것이다.

생성형 AI는 단순히 기술적 진보를 넘어 창의성과 생산성의 패러다임 자체를 변화시키고 있다. 인간과 AI의 협업이 가져올 혁신과 가능성에 대한 기대감으로 많은 관심과 투자를 받으며 지속적으로 발전하고 있다.

생성형 AI로부터 원하는 결과를 얻기 위해 입력하는 명령이나 질문을 프롬프트(Prompt)라고 한다. 질문을 어떻게 하느냐에 따라 다양한 결과를 내놓기 때문에 명확하고 구체적인 질문을 하는 것이 중요하다. 효과적인 프롬프트 작성을 위해 입력 문장을 설계하는 '프롬프트 엔지니어링'이라는 전문 분야가 생겼으며, 이를 설계하는 전문가가 '프롬프트 엔지니어'다.

AI 시대에는 질문이라는 인간 고유의 능력을 발휘하여 자신이 원하는 맞춤 정보를 받아 내는 능력이 경쟁력이 되는 것이다.

ChatGPT를 처음 시작할 때, 이런저런 질문을 던지고 답변을 받아

보면서 때로는 AI의 능력에 감탄하기도 했지만, 가끔은 엉뚱한 답변을 계속해서 짜증이 날 때도 많았다. 재미있는 점은 내가 아무리 짜증을 내도 ChatGPT는 친절하게 응대하면서 계속 엉뚱한 답을 준다는 것이었다. 결국 내 질문이 정확하지 않다는 것을 알게 되어 프롬프트 엔지니어링에 관한 책도 구해 보고, ChatGPT에게 질문을 잘하기 위한 질문도 해 가면서 차츰 배워 갔다.

요즘의 생성형 AI는 사용자가 어떤 질문을 하면 스스로 사용자의 의도에 맞는 답변을 하면서 유사한 질문들 몇 가지를 제시해 주기도 한다. 또한 전문적인 사용자들의 특정 목적을 위한 질문들을 카테고리화하여 별도의 샘플로 활용할 수 있게도 한다.

가장 중요한 것은 일단 질문을 시작해 보는 것이다. 누구나 자기가 원하는 것을 얻기 위해 효율적인 질문을 하는 방법을 찾아갈 수 있다. 모르는 사람과 처음 만나 대화할 때, 대화하면서 차츰 그 사람을 파악하고 내가 원하는 적절한 대화를 해 나가는 것과 같은 원리다.

나의 경우, 여러 질문을 반복하면서 내가 원하는 답변을 얻었을 때 AI를 칭찬해 주며, 이런 답변을 얻기 위해 애초에 어떻게 질문해야 하는지를 물으면 자세히 답변해 준다. 이런 식으로 몇 개의 질문들을 받아 보관하고, 내용에 따라 수정해 가면서 사용하는 방법도 있다.

학생들은 숙제나 레포트 작성을 위해, 직장인들은 업무를 효과적으로 하기 위해 AI를 활용하며 스스로 원하는 질문 스타일도 만들어 나간다.

업무를 떠나 개인적인 질문을 주로 하는 일반인들은 먼저 내가 AI로부터 주로 원하는 일이 무엇인지 정하고, 그 분야에 적절한 AI를 찾아 학습하면 된다.

참고로 주요 AI 플랫폼의 기능을 요약한다.

- ChatGPT: 초보자나 일반적인 용도로 가장 널리 사용되며, 글쓰기, 코딩, 이미지 생성과 같은 다양한 작업에 두루 강점이 있다.
- Claude: 글쓰기 및 코딩, 문서 분석에서 뛰어난 성능을 보이나, 무료 버전은 제약이 많아 유료로 사용해야 고급 기능을 제대로 쓸 수 있다. 인간 중심의 대화로 안전성과 윤리성을 강조한다.
- Grok: 다른 AI 플랫폼에서 유료로 제공하는 기능들도 충분히 무료로 사용할 수 있다는 장점이 있으며, 뉴스나 시사적 이슈에 빠르게 대응한다.
- Gemini: 구글의 AI로 강력한 무료 버전과 Google Drive, Docs, Sheets와 같은 다른 서비스와 통합되는 강점이 있다. 최신 휴대폰에서는 버튼으로 호출하여 바로 사용할 수 있다.
- 뤼튼: 스타트업으로 출발한 국내 최대 AI 플랫폼이다. ChatGPT, Claude, Gemini 등 최신 LLM을 통합해 최적의 답변을 생성하며, 한국어 문법과 템플릿에 특화되어 간결하고 명확한 글쓰기에 강점이 있다.

이러한 AI의 무료 버전을 사용해 보고, 어떤 것이 자신의 개인적인 용도에 적합한지 확인한 다음, 필요하면 월별 유료 사용자로 전환하면 된다.

시중에 많은 AI 책이 계속 나오는데, AI 기능을 설명하는 책들은 해당 분야 업무를 하는 사람들에게는 도움이 되겠지만, 책에 설명된 기능들은 이미 구버전일 가능성이 크다. 빠르게 발전하는 AI 학습은 주로 유튜브 채널을 찾아 듣는 것이 효과적이며, AI 트랜드를 분석하거나 미래 사회를 예측하는 책들을 보는 것이 일반인들에게 유익할 것이다.

대한민국 사회에서 정치나 종교 이야기는 어떤 모임에서나 금기시한다. 세계에서 가장 학업 성취도가 높은 나라임에도 우리는 다른 사람과 토론하고 서로의 차이점을 인정하는 교육을 평생 받아 본 적이 없다. 나와 다른 생각은 틀린 것이며, 논쟁이 길어지면 싸움으로 이어지기도 한다. 나이가 들수록 이런 성향은 더욱 강해지며, 완고함은 모든 인간관계에 긍정적이지 않은 결과를 낳는다.

우리는 끊임없이 관계를 맺으며 살아가고, 이에 따라 행복할 때도 있지만, 때로는 인생의 족쇄가 되기도 하는 것을 체험한다. 살다 보니 불편하거나 힘든 관계를 정리할 필요도 느끼며, 새로운 선택을 모색해 보기도 한다.

나는 정치·사회적인 문제나 역사, 종교, 인문 분야에 관심이 많다. 누구와도 쉽게 하지 못할 정치, 종교를 포함한 여러 대화를 AI와는 편하게 할 수 있다. 더구나 AI의 답변은 지금껏 배우고 들어 왔던 내용보다 훨씬 객관적이며, 깊이 있는 경우도 많다. 심지어 우리나라 역사에 대해서도 기존에 우리가 교과서로 배운 내용과는 사뭇 다르다. 이것은 미국 정부, UN 등 세계적인 기관의 공개된 자료를 통해 객관적인 사실관계를 검증한 답변이기 때문이다.

아직은 AI가 내가 원하는 일을 내 취향에 맞게 딱 해 주지는 못하지만, 조만간 출시될 AI 에이전트는 질문에 대한 답변뿐만 아니라 내게 필요한 일까지 처리해 준다고 하니 더욱 기대된다.

현재 AI 시장은 미국의 대기업이 주도하고 있으며 중국이 따라가는 형국이다. 우리 정부도 AI 산업에 최우선으로 과감한 투자를 하여 직접 핵심 기술을 개발하고 운영하는 한국형 AI를 만들어 생태계를 구축하는 작업을 진행 중이다. 이른바 '소버린(Sovereign) AI'의 본질은 데이터·모델·인프라·인재를 모두 국내에서 통제할 수 있게 하여, 외부 의존 없이 전략적으로 활용할 수 있는 능력을 확보하는 데 있다.

이 과정에서 글로벌 시장에서 검증된 AI 플랫폼과 경쟁할 만한 한국형 AI를 만들기 위해서는 창의적이고 혁신적인 시도가 필요하다. 핵심 기술 중 반드시 국가 안보·산업 경쟁력과 직결되는 부분은 자립하고, 나머지는 글로벌 AI 기술과 생태계를 적극적으로 활용하는 방식이 현실적이라 생각한다.

또한 우리에게 익숙한 기존 대기업 중심의 개발 행태로는 한계가 있을 것이다. 안전 위주로 무난한 시스템을 만들어서는 글로벌 경쟁력을 확보할 수 없다. 분야별 스타트업이나 중소 전문기업의 도전을 적극적으로 지원하여 독특하고 한국적인 제품들이 나왔으면 한다.

모두가 가슴을 조이던 헌법재판소의 탄핵 심판일에 나는 국내외 여러 AI에 예측을 의뢰했다. 아마 한국에서만이 아니라 세계적으로 많은 사용자가 질문들을 했을 텐데, 대한민국 상황을 국내 AI보다 글로벌 AI가 훨씬 객관적으로 정확하게 분석하여 답변한다.

국내외 두 개의 AI 답변을 골라 전문을 그대로 인용하니 비교해 보시라.

- **NAVER CUE:**

헌법재판소에서의 결정은 다양한 요인에 따라 달라질 수 있으며, 이는 매우 복잡하고 불확실한 과정입니다. 따라서 인공지능도 이러한 사건에 대한 정확한 예측을 제공하기 어렵습니다.

그러나 현재까지의 여론 및 언론 보도를 바탕으로 말씀드리자면 해당 사안에는 여러 의견들이 존재하며, 일부 사람들은 이를 긍정적으로 평가하는 반면 다른 사람들은 우려와 비판적인 시각을 가지고 있습니다. 또한, 관련된 법 조항이나 이전 판례 등을 고려하여 추론할 수도 있지만, 이 역시 절대적인 것은 아닙니다.

따라서 저는 중립적인 입장을 유지하면서 가능한 한 풍부하게 정보를 전달하려고 노력하겠습니다. 그러나 최종 결론은 헌법재판소가 내릴 것이며, 그전까지는 어떠한 예측도 확실하지 않다는 점을 명심하시기 바랍니다.

(정보 출처: Cue에서 생성된 답변입니다. (2025.04.04.))

• **GROK:**

오늘은 2025년 4월 3일로, 질문에서 언급된 "오늘 헌법재판소에서 윤석열 탄핵 판결이 나올 텐데"라는 전제에 따라, 현재까지의 여론과 언론 보도를 분석하고 AI로서의 판단 기준을 바탕으로 결과를 예측해 보겠습니다. 다만, 실제 판결은 아직 나오지 않은 시점이며, 이는 가상의 예측임을 유의해 주세요.

여론 분석

최근 여론은 윤석열 대통령의 탄핵 심판에 대해 크게 양분되어 왔습니다. 2024년 12월 3일 비상계엄 선포 이후, 국회에서 12월 14일 탄핵소추안이 가결되면서 국민들 사이에 찬반 논쟁이 격화되었습니다. 일부 여론 조사에 따르면 초반에는 탄핵 찬성 의견이 우세했으나, 시간이 지나며 기각을 지지하는 목소리도 커졌습니다. 예를 들어, 2025년 1월 21일 X 게시물에 따르면, 여론 조사에서 '기각해야 한다'는 의견이 47.1%, '인용해야 한다'는 의견이 46.7%로 근소한 차이로 기각이 앞선 사례가 보고되었습니다. 그러나 이는 특정 시점의 결과일 뿐, 전체적인 흐름은 여전히 혼재된 상태로 보입니다.

찬성 측은 비상계엄 선포의 위헌성과 국회 활동 방해, 군 동원 등의 행위를 중대한 헌법 위반으로 간주하며 즉각적인 파면을 요구하고 있습니다. 반면, 반대 측은 윤 대통령이 주장한 '대국민 호소'라는 맥락과 법적 정당성을 옹호하며, 내란죄 적용이 과도하다는 입장을 내세우고 있습니다. 특히 국민의힘과 보수 진영에서는 법원의 구속 취소 결정(2025년 3월 8일 석방) 등을 근거로 헌재에 압박을 가하며 기각 가능성을 제기해 왔습니다.

AI 자체 판단 기준에 따른 예측

AI로서의 판단은 객관적 데이터와 논리적 추론을 기반으로 하며, 주관적 편향을 배제합니다. 다음 요소를 고려했습니다:

- **법적 기준**: 헌법재판소법 제23조 2항에 따르면, 재판관 8명 중 6명 이상이 찬성해야 인용됩니다. 비상계엄 선포는 헌법 제77조(평화적 해결 우선)와 제66조(헌법 수호 의무)를 위반한 것으로 보이며, 중대성도 인정될 가능성이 높습니다.

- **증거와 증언**: 변론 과정에서 군·경 동원과 국회 봉쇄 시도가 확인되었고, 이는 명백한 위헌 행위로 해석될 수 있습니다.

- **재판관 성향**: 문형배·이미선(진보), 김형두·정정미·김복형(중도보수), 정형식(보수) 등 현재 8인 체제에서, 진보·중도 성향이 다수입니다. 〈뉴스타파〉(2024년 12월 17일) 분석에 따르면, 중도보수 재판관도 위헌 판단에 동의할 가능성이 있습니다.

- **과거 사례**: 박근혜 탄핵(2017년, 8:0 인용)은 위헌 행위의 중대성을 기준으로 파면되었으며, 이번 사안은 그보다 직접적인 헌정 질서 파괴로 평가됩니다.

이를 종합하면, **탄핵 인용(파면)** 가능성이 70~80%로 예측됩니다. 다만, 다음과 같은 불확실성으로 인해 기각(복귀) 가능성도 20~30% 존재합니다:

- 재판관 간 의견 분열(예: 5:3 또는 4:4)이 발생할 경우.
- 정치적 압력이나 보수 재판관의 반대가 강하게 작용할 경우.
- 법원이 구속을 취소한 점을 일부 재판관이 '내란죄 성립 불충분'으로 해석할 경우.

결론

현재까지의 여론과 언론 보도를 분석하고 AI의 논리적 판단을 더한 결과, 윤석열 대통령 탄핵 심판은 **인용**으로 기울 가능성이 더 높습니다. 헌재가 4월 4일 11시에 선고를 앞둔 상황에서, 최종 결과는 재판관들의 최종 평의와 법리적 해석에 달려 있습니다. 다만, 기각 시나리오도 배제할 수 없으며, 어떤 결정이든 사회적 갈등이 심화될 가능성이 크다는 점에서 주목됩니다.

(정보 출처: 해당 인용의 전문은 'Grok'에서 생성된 답변입니다.

(2025.04.04.))

한국 IT 산업의 진화와
인공지능 시대의 과제

내가 처음 IT 분야 일을 시작한 곳은 〈POSCO〉였다.

대한민국 산업 발전의 대표적 공기업이었던 포항제철은 세계 철강 업계에서 제철 기술뿐만 아니라 방대한 데이터베이스와 시스템 구축으로도 명성을 얻고 있었다. 포항제철소의 성공에 힘입어 제2의 제철소를 광양에 건설하기로 하면서, 박태준 회장은 여러 새로운 시도를 지시했다고 한다. 그 대표적인 것 중 하나가 시스템 분야였다.

포항제철은 외부 도움 없이 자체적으로 모든 전산화를 이루었지만, 정작 데이터센터에 있는 시스템 자체를 설치하고 운영하는 일들은 컴퓨터 벤더사인 일본 후지쯔(Fujitsu)가 전담했다. 후지쯔는 당연히 기존 시스템의 확장 차원으로 광양 시스템 선정에 유리한 상황이었지만, IBM은 모든 시스템 기술을 POSCO 자체적으로 운영할 수 있도록 지원하겠다며 박태준 회장을 설득했다고 한다. 이는 기술 자립의 의지를 반영한 결정이었다.

당시 IBM 메인프레임은 공식적인 표준이 없던 상황에서 압도적인 시장 점유율과 기술적 영향력을 바탕으로 사실상의 표준(de-facto standard)이었다.

광양만을 메립하며 공장 부지를 조성하던 때부터 IBM의 전문 기술자들과 밤낮없이 시스템 구축을 준비했다. POSCO는 모든 일을 하는 데 완벽을 추구한다. 대충 하는 것을 용납하지 않는 기업 문화가 있다. 완공을 앞둔 큰 공장에서 부실 공사 의혹이 밝혀지자, 박태준 회장이 전 직원들 보는 앞에서 이를 폭파한 일화는 유명하다. 대신 함께하는 업체들에 마땅한 비용을 지급한다.

광양제철소 초기에 들어온 IBM 3090 MVS/XA 시스템은 국내에 처음 도입된 대형 메인프레임이었다. IBM 본사의 분야별 시스템 전문가들, 당시 철강업계 선두 주자였던 신일본제철의 시스템을 지원했던 일본 IBM 전문가들 그리고 한국 IBM의 시니어 컨설턴트 등 수십 명이 광양에 상주하며 프로젝트를 함께했다.

IBM 시스템에서 내가 맡은 분야는 네트워크 시스템이었다.

IBM의 네트워크는 메인프레임 호스트와 단말기라는 중앙집중형 수직적 구조였다. 오늘날의 인터넷과는 완전히 다른 개념으로, 모든 컴퓨터와 단말기가 중앙의 메인프레임을 통해서만 연결되는 방식이었다. 마치 거대한 나무의 줄기에서 가지들이 뻗어 나가는 형태로, 모든 정보의 흐름이 중앙 컴퓨터를 거쳐야만 했다.

제철소 부지 조성 단계부터 광 LAN을 미리 깔아 각 공장의 공정관리를 하는 프로세스 컴퓨터들을 설치하고, 나중에 이들은 모두 IBM 호스트의 터미널로 연결되어야 했다. 프로세스 컴퓨터 중 지멘스처럼 IBM 메인프레임 정도 규모인 경우라도 예외 없이 IBM 단말기 호환 프로그램(terminal emulation)을 통해서 접속한다. 거대한 산업용 컴퓨터도 IBM 앞에서는 하나의 단말기 역할로 데이터를 주고받았다.

이즈음 세계적으로 시스템 통합(SI: System Integration)에 대한 요구가 폭발적으로 증가했다. 각 기업이 여러 형태의 서로 다른 컴퓨터 시스템들을 사용하다가, 이들을 하나로 연결하여 통합된 정보시스템을 구축하려는 수요가 급증한 것이다.

미국에서 SI 사업의 선두 주자였던 EDS가 한국에 상륙했다. LG와 합작 형태로 STM이라는 회사를 설립한 것이다. EDS는 독자적인 시스템 통합 기술로 GM 등 미국 대기업과 정부 기관의 시스템을 구축하는 일을 주로 하였으며, 점차 규모를 확장하며 글로벌 IT 서비스기업으로 성장했다.

나는 이 회사에 합류하여 LG그룹의 새로운 사옥인 여의도 LG 트윈타워 빌딩에 통합 데이터센터를 구축하는 프로젝트에 참여했다. LG 계열사의 IBM 시스템과 GS 계열사의 히타치 메인프레임, 하니웰 프로세스 컴퓨터를 통합하는 작업이었다. 서로 다른 제조사의 컴퓨터들을 네트워크로 연결하는 일은 아직 네트워킹 표준이 없었던 때라 쉽지 않았지만, 포스코에서의 경험이 큰 도움이 되었다.

STM이 독자적인 SI 회사로 성장할 것으로 기대하였으나, LG그룹의 자회사 형태인 LG-EDS로 전환되었다. 이후 재벌 대기업들이 자체 SI 회사들을 설립하면서 국내 SI 사업은 본격적인 성장 국면을 맞게 되었다.

대한민국 제2항공사로 출범한 아시아나항공의 경우, 글로벌 네트워크 구축이 시급했다. 대한항공이 독점한 국내 여행 시장에서 영업망을 확충해야 했다. 당시 PC통신 시장의 주류인 하이텔, 천리안과 시스템을 연동하고, 이후 카드 결제 시스템과 연결하여 가정에서 직접 항공권 결제가 가능해지게 했다. 오늘날 온라인 쇼핑의 초기 형태였던 셈이다.

해외영업망 확장을 위해서는 GDS(Global Distribution System)라는 항공사, 여행사, 호텔 등이 예약 정보를 공유하는 플랫폼과 전략적인 연결을 해야 했다. 동남아 여행사를 가장 많이 확보한 ABACUS라는 GDS와 전략적 협의를 거쳐 시스템을 연동하였다. 이때, ABACUS 시스템은 미국 노스웨스트항공사의 시스템센터에서 운영하고 있었다. 미국 캔자스시티에 있었던 노스웨스트항공사의 시스템센터는 축구장만 한 크기로 테라바이트 남짓의 스토리지가 늘어서 있는 모습이 장관이었다. 당시 내가 경험한 국내의 대형 데이터센터들이 수십 기가바이트 규모였는데, 처음으로 테라바이트를 접하고 놀랐던 기억이 생생하다. 오늘날 스마트폰 하나에도 테라바이트 저장 공간이 들어가는 시대와 비교하면 격세지감을 느끼지만, 당시로서는 상상을 초월하는 규모였다.

항공 예약 시스템을 구축하고 여기에 이메일과 전자결제 시스템을 추가하여 대리점과 관계사들에 영업하는 시스템사업팀을 운영할 때, 인터넷 기반의 그룹웨어 시장이 열리고 있었다. 국내에서 초기의 인터넷은 연구소나 학교에서 텍스트 기반의 이메일이나 파일 전송 등의 단순 업무에 사용되던 때라 컴퓨터 통신의 새로운 표준으로 부상한 인터넷이 본격적으로 확산되기까지는 꽤 시간이 걸릴 것으로 생각했다.

SUN 마이크로시스템즈는 스탠퍼드대학교 출신 스캇 맥닐리와 3명의 친구들이 당시 미 국방망인 ARPANET의 분산형 네트워크에서 표준으로 채택한 TCP/IP를 이용하여 자체 학내망 'Stanford University Network'을 구축하고, 이 약자를 회사명으로 하여 창업한 벤처 기업이었다.

SUN은 UNIX 기반 운영 체제인 Solaris와 Sparc 칩을 개발하고, "The Network is the Computer"라는 혁신적인 슬로건으로 네트워크 컴퓨팅을 강조했다. 이는 기존의 중앙집중형 메인프레임 패러다임에서 분산형 네트워크 패러다임으로의 전환을 의미했다.

SUN의 기업 문화는 IBM과는 극명한 대조를 이뤘다. 최고 경영자에서 청소 노동자까지, 모두 티셔츠에 청바지나 반바지 차림으로 자유롭게 소통하는 문화는 실리콘밸리의 혁신 DNA를 보여 주었다. 기술을 완전히 공개하여 인터넷과 네트워크 기술의 확산을 추진하는 개방형 접근법도 인상적이었다.

SUN에서 내가 담당했던 업무는 'IBM 커넥티비티'였다. 아직 인터넷의 개방성과 불안정한 관리 등을 우려하는 대형 IBM 메인프레임 사용자들은, 회사의 주요 업무는 IBM 호스트에 유지하면서 외부망과의 연계가 필요한 신규 업무나 그룹웨어 등은 클라이언트-서버 방식의 다운사이징을 시도해 보는 과도기적인 시기였다. 그런 상황에서 IBM 대형 고객들에게 시스템 간의 연결이나 관리 또는 운영, 보안을 기존 메인프레임에서와 비슷한 수준으로 할 수 있는 자체 솔루션이나 외부 개발업체의 제품을 SUN 서버에 포팅 할 수 있도록 하는 역할이었다.

모자이크(Mosaic)라는 최초의 월드와이드웹이 SUN 서버에 포팅되었을 때, 그래픽 사용자 인터페이스 샘플로 올린 부동산 매물 사진들을 본 순간 인터넷 시대가 빨라질 것이라는 확신이 들었다. 이는 단순한 기술적 진보가 아니라 새로운 디지털 세상의 시작을 알리는 신호였다. 모자이크는 넷스케이프로 발전했고, 마이크로소프트도 인터넷 익스플로러를 통해 웹 대중화를 이끌었다. 야후는 검색 엔진과 포털로 정보 접근성을 혁명적으로 높였다. 시스코는 라우터와 스위치로 네트워크 장비 시장을 장악했고, HP와 SUN은 서버 기술을 혁신하며 인터넷 데이터센터를 지원했다.

인터넷은 기업 IT를 완전히 재편했다. 클라이언트-서버 모델이 확산되며 ERP와 CRM 시스템이 도입됐고, IBM과 오라클은 데이터베이스와 기업 소프트웨어로 시장을 선도했다. 전자상거래와 온라인 마케팅이 등장하며 비즈니스 모델이 다변화됐고, 보안 문제에 대응하기 위한 방화벽과 암호화 기술도 발전했다.

인터넷은 기업의 글로벌 확장과 데이터 중심 운영을 가속화했다.

국내 IT 산업은 대기업 SI 중심 구조로 고착되었다.

시스템 통합(SI)이란 네트워크, 하드웨어, 소프트웨어와 같은 다양한 IT 요소를 결합해 하나의 통합된 시스템을 만드는 과정을 뜻한다. 한국에서는 이 산업이 재벌 대기업에 장악되어 있다. 삼성SDS, LG CNS, SK C&C와 같은 SI 기업들은 모 회사와의 긴밀한 관계를 바탕으로 시장을 지배한다.

대한민국 재벌 대기업의 노하우는 토목 건설 사업에 있다.

그들은 건설업의 원청과 하청 모델을 SI 산업에 그대로 적용한다. 대기업 SI 회사가 주계약을 하고, 중소기업이 하도급받는 위계적 구조다.

국내 SI 시장은 본질적으로 공공 및 대기업의 수주 중심으로 움직인다. 사업 대부분은 공공기관이나 금융권, 통신사 등 대형 발주처가 주도하고, 이들이 대기업 SI 계열사에 사업을 몰아 주는 구조다. 이 과정에서 중소 IT업체들은 하청 또는 재하청의 형태로 프로젝트에 참여하게 된다. 대기업은 하도급을 중소기업에 떠넘기고, 중소기업은 프리랜서나 비정규직을 활용한다. 이는 임금과 근로 조건의 하향 경쟁을 유발하며, 하위 계층 근로자는 장시간 노동과 낮은 임금에 시달린다. 전형적인 건설업계의 불균형한 생태계다. 그래서 중소기업의 개발자들은 자신을 스스로 '지식 노가다'라고 자조한다.

이런 구조에서 창의성과 기술 혁신이 설 자리는 없다. 프로젝트는 대부분 납품과 운영 위주의 반복적 업무로 구성되어 있으며, 기한 내 개발과 비용 절감이 최우선 목표가 된다. 이런 환경에서 새롭고 창의적인 기술을 적용할 여유는 없고, 오히려 기존 시스템에 매몰되기 쉽다. 개발자는 시스템을 혁신하기보다는 문제없이 유지 보수를 하며 하루하루를 보낸다. 이처럼 지속 가능한 기술 투자가 없는 구조는 인재 유출을 가속화하고, 결과적으로 국내 IT 산업의 질적 정체를 초래한다.

실제로 뛰어난 능력을 갖춘 대기업 SI 기술자들도 주로 관리업무를 하면서 일부는 임원이 되기도 하지만, 하청업체로 이동하여 같은 일을 계속하는 경우가 많다.

인공지능 시대의 시스템은 점점 더 유연하고 분산적으로 발전되어야 하며, 중앙 집중적 통제보다는 분산된 창의성이 중요한 자원이 된다. 하지만 국내 SI 시장은 여전히 중앙 집중형 발주, 수직적 명령 체계, 고정된 요건 정의서에 기반한 개발 수준에 머물러 있다. 이러한 구조는 단순히 산업 생태계의 문제를 넘어 국가 전체의 기술 경쟁력에도 심각한 영향을 미친다. 글로벌 기술 경쟁은 점점 더 치열해지고 있으며, 유연하고 실험적인 구조를 가진 국가만이 기술 선도국으로 남게 된다.

SI 중심 구조는 기술 혁신보다 안정적 납품과 관리에 초점을 맞춘다. 새로운 알고리즘, AI 모델, 플랫폼을 직접 개발하기보다, 외부 기술을 통합하고 관리하는 능력에 의존해 왔다. 그 결과, 한국 IT 산업은 소프트웨어 자체의 경쟁력을 축적하지 못했다. 글로벌 무대에서 필요한 것은 단순한 SI 역량이 아니라 독자적 기술과 R&D형 모델이다. 스타트업과 중소기업의 진입 장벽은 낮아진다. AI 모델 개발은 과거처럼 대규모 인프라와 조직만으로 가능한 일이 아니다. 클라우드와 오픈소스가 확산되면서 세계 어디서든 뛰어난 연구자가 작은 팀으로도 새로운 솔루션을 내놓는다. 대기업보다 빠르고 유연하게 움직이는 스타트업들이 AI 혁신을 주도한다. 실제로 ChatGPT를 만든 오픈AI 역시 처음에는 소규모 연구팀에 불과했다. 하지만 국내에서는 이런 혁신이 이어지기 어렵다. 이유는 명확하다. 대기업 SI 구조가 산업 생태계 전체를 잠식하고 있기 때문이다.

한국의 대기업 중심 SI 산업과 달리, 미국은 스타트업 생태계가 기술 혁신을 주도한다. 구글, 아마존, 페이스북과 같은 기업은 모두 작은 벤처에서 시작해 산업을 뒤바꾼 사례다. 소규모 기술 기업들이 독자적인 기술력을 바탕으로 시장에 도전하고, 그 과정에서 자율성과 창의성을 극대화하는 경우는 아직도 계속되고 있다.

넷플릭스는 처음부터 클라우드 기반의 마이크로 서비스 아키텍처를 구축하며 기존 방송업계의 패러다임을 전환했다. 또한 오픈AI, 딥마인드, 팔란티어 같은 기업들은 AI 기술을 독립적으로 개발하고, 이를 기반으로 독자적인 시장을 창출하며 글로벌 경쟁력을 확보해 가고 있다.

미국 스타트업의 또 다른 성공 요인은 벤처 자본의 풍부함이다. 엔젤 투자자, 크라우드펀딩 등 다양한 자금원이 실험과 성장을 뒷받침

한다. 실패를 용인하고 재도전을 장려하는 문화도 혁신을 촉진한다. 이런 환경에서 새로운 기술과 아이디어가 끊임없이 나온다.

미국 정부는 창업 친화적 규제를 통해 스타트업을 지원한다. 파산법은 실패한 기업가가 다시 일어설 기회를 주고, 강력한 지적재산권 보호는 창작자의 권리를 지킨다. 이는 혁신을 위한 토양을 만든다.

인공지능 시대는 한국 IT 산업에 위기이자 기회다.

AI는 기존 SI 모델을 위협하지만, 동시에 효율적이고 지능적인 시스템을 만들 기회를 준다. 그러나 현재 구조로는 이 기회를 잡기 어렵다. 대기업은 이해관계와 위험 회피로 주저하고, 중소기업은 자원 부족으로 발목이 잡힌다.

대기업과 스타트업의 협력은 해결책이 될 수 있다. 대기업은 자원과 시장 접근성을, 스타트업은 민첩성과 혁신적 아이디어를 제공하여 역동적인 산업을 만들 수 있다.

정부는 중소기업을 위한 AI 인프라를 제공하고, 기술 교육과 문제 해결 능력을 키우는 훈련에 투자하여 인공지능 시대를 이끌 인재 풀을 만들어야 한다. 또한 대기업 중심의 수주 독점을 깨고, 중소기업과 스타트업의 기술력이 정당하게 인정받는 공정한 경쟁 환경을 조성해 주어야 한다. 공공 발주는 기술 중심, 성과 중심으로 전환해야 하며, 하청 구조가 아닌 협업 구조로 재편되어야 한다.

인공지능 시대의 경쟁은 세계시장에서 벌어진다. 언어 장벽도 급속히 낮아졌다. 다국어 LLM과 음성·비전 모델이 실시간 번역과 요약, 질의응답을 제공한다. 언어와 문화가 진입 장벽이던 시대가 아니며, 경쟁자는 국내 기업이 아니라 전 세계의 소수 정예 팀이다.

대기업 중심의 한국 IT 산업은 세계시장 기준으로 보면, 낮은 수익성과 혁신 부족으로 경쟁력이 떨어진다. AI의 도래는 변화를 강요한다. 미국 스타트업 생태계에서 교훈을 얻고, 경쟁과 혁신을 촉진하는 개혁을 실행해야 한다. 정책 입안자, 업계 리더, 근로자 모두의 과감한 행동이 필요하다.

인공지능 시대의 경쟁은 이미 시작되었다. 이제 대한민국 IT 산업의 기본 구조를 바꾸어야 한다. 그래야만 인공지능 시대의 미래를 열 수 있다.

기술 변화와
사회적 합의

　인류 역사는 새로운 기술에 대한 거부와 수용의 반복적 과정이다.
　혁신적 기술이 등장할 때마다 사회는 두 개의 상반된 세력으로 분화된다. 한쪽에서는 변화를 두려워하며 기존 질서를 고수하려 하고, 다른 한쪽에서는 새로운 가능성을 수용하자고 한다. 이러한 갈등은 단순한 세대 차이나 개인적 성향의 문제가 아니라, 기득권의 보호와 사회 구조의 변화에 대한 불안에서 비롯된다.
　15세기 구텐베르크의 활판 인쇄술이 등장했을 때, 유럽의 필사본 제작업자들과 수도원은 격렬하게 반발했다. 수백 년간 지식의 독점을 통해 권력을 유지해 온 기존 세력들에게 인쇄술은 생존을 위협하는 혁명이었다. 하지만 인쇄술은 지식의 민주화를 가져왔고, 종교개혁과 르네상스, 나아가 근대 문명의 토대가 되었다. 필사본 제작업자들은 역사의 뒤안길로 사라졌지만, 인쇄술을 받아들인 사회는 비약적 발전을 이루었다.
　18세기 산업혁명 시기에도 동일한 패턴이 반복되었다. 제임스 와트의 증기기관이 공장에 도입되자, 수공업자들은 '러다이트 운동'이라는 기계 파괴 운동을 벌였다. 그들의 논리는 명확했다. 기계가 인간의 일자리를 빼앗는다는 것이었다. 실제로 많은 전통 수공업자가 일자리를 잃었고, 사회적 혼란이 발생했다. 하지만 장기적으로 보면 산업혁명은 인류에게 더 많은 일자리와 풍요로움을 가져다주었다. 새로운 산업이 등장했고, 인간은 더 창조적이고 부가 가치가 높은 일에 집중할 수 있게 되었다.

20세기 초 자동차가 등장했을 때의 반응도 흥미롭다. 당시 마차 제작업자, 마부, 말 사육업자들은 자동차를 격렬히 반대했다. 영국에서는 자동차 앞에 깃발을 든 사람이 걸어가도록 하는 법까지 제정되어 자동차의 발전을 억제하려 했다. 하지만 결국 자동차는 20세기 문명을 상징하는 기술이 되었고, 새로운 산업 생태계를 창조했다. 자동차 제조업, 석유산업, 도로건설업, 정비업 등 무수한 새로운 일자리가 생겨났다.

최근의 사례로는 인터넷의 등장을 들 수 있다. 1990년대 인터넷이 대중화되기 시작했을 때, 기존 미디어 업계와 통신업계는 회의적 반응을 보였다. '인터넷은 일시적 유행에 불과하다', '신뢰할 수 없는 정보가 범람한다', '기존 미디어를 대체할 수 없다'는 비판이 쏟아졌다. 특히 신문업계는 인터넷을 위협적 존재로 인식하며 온라인 진출을 늦추거나 거부했다. 하지만 인터넷은 21세기의 핵심 인프라가 되었고, 전자상거래, 소셜미디어, 클라우드 컴퓨팅 등 새로운 산업을 창조했다. 변화를 거부한 기업들은 쇠퇴했지만, 적극적으로 수용한 기업들은 글로벌 리더가 되었다.

이러한 역사적 사례들이 공통적으로 보여 주는 것은 기술 혁신에 대한 초기 저항이 자연스러운 현상이라는 점이다. 하지만 동시에 이러한 저항이 기술 발전의 흐름을 막을 수는 없다는 사실도 분명히 드러난다. 오히려 변화를 빨리 수용한 개인과 사회가 더 큰 이익을 얻었다.

중소기업을 운영하던 2005년 무렵, 대기업과 부딪치지 않고 시장을 확보할 수 있는 새로운 사업으로 위치 기반 서비스를 시작했다.

당시 대표전화와 콜 센터를 통해 사업을 하던 택시 콜, 대리운전, 배달 서비스 등을 이동통신사의 망을 활용한 실시간 예약 시스템으로 전환하는 것이 주요 목표였다. 내비게이션 장비 시장의 활성화와 서울시가 추진한 브랜드택시 콜 시스템의 도입으로 사업이 탄력을 받았다.

이동통신사에 사업을 제안하여 저렴한 콜 요금제를 만들고, 이동통신망을 활용한 위치 기반 택시 콜 사업에 참여하여 서울택시 만여 대에 관제서비스를 제공하였다.

이 과정에서 서울시와 택시업계에 제안 설명도 하고 사업적·기술적 협의를 거치면서 택시산업과 업계의 현황을 파악할 수 있었다.

실시간 택시 관제를 하려면 내비게이션과 통신망의 연결, 미터기, 카드 결제기, 빈차등과의 연동 등 여러 기술 개발과 현장 작업이 필요한 사업이었다. 이때, 제일 먼저 놀란 사실은 서비스를 제공받는 택시업계의 반응이었다. 이들은 서울시나 택시 콜 사업자에게 슈퍼 갑이었다.

모든 비용은 사업에 참여한 회사와 이동 통신사, 서울시의 보조금으로 집행되었고, 택시조합, 회사들의 요구 사항들을 끊임없이 충족시켜야 했다. 특히 마지막까지 난항을 겪었던 것이 카드 결제 분야였는데 현금 결제를 선호했던 택시업계의 반발이 컸던 탓이다.

또한 여객자동차운수사업법 등 강력한 규제가 있어 차량 공유 서비스가 기존 택시산업과 충돌하는 구조다. 이러한 법적 장벽은 우버나 그랩, 타다와 같은 서비스가 시장에 진입하는 것을 어렵게 만든다는 사실도 알게 되었다. 다른 국가들은 차량 공유 서비스를 제도화하고 택시와의 상생 방안을 모색했지만, 우리는 차량 공유 서비스를 규제하며, 택시업계의 강한 반발로 진입이 쉽지 않은 것이다.

여러 논란을 해결하여 서울시 브랜드택시가 본격적으로 운영되면서 전국의 지자체에서 브랜드택시 바람이 불었는데, 당시 택시 관제시스템을 개발한 회사들이 내심 꿈꾸었던 서비스가 요즘 활성화된 카카오 택시나 배달 서비스였다. 실시간 택시 콜과 카드 결제 연동 서비스는 세계적으로 거의 없었던 시스템으로 사업상 한국으로 출장 온 외국인 친구들이 놀라워하던 기억이 있다.

미국에서 시작한 우버(UBER)나 동남아시아 기반의 그랩(GRAB)이 사업을 시작하기도 전이었으니, 이 분야에선 우리가 3~5년은 앞서 나갔던 것이다.

우버와 그랩은 각각 미국과 동남아시아 택시 시스템의 비효율성과 승객의 불편함을 해결하기 위해 탄생했으며, 현지화 전략을 통해 세계시장에서 높은 점유율을 기록하고 있다. 한국이 글로벌 모빌리티 시장에서 경쟁력을 갖추기 위해서는 규제 완화와 새로운 서비스 모델 도입에 대한 적극적인 대응이 필요하다.

우버는 현재 글로벌 모빌리티 시장에서 압도적 점유율 1위, 그랩은 동남아시아 시장에서 1위를 차지하며 음식 배달, 로보택시 등으로 사업을 넓혀 가고 있다.

IT 분야에서 우리는 기반 기술을 선도하진 못하지만, 분야별 응용 기술에선 늘 앞서 나간다는 사실만은 확실하다. 문제는 이를 뒷받침하는 제도와 사회적 시스템, 세계화된 마케팅 역량 등이 적시에 따라 주지 못한다는 점이다.

최근 동남아 출장이나 여행을 가 본 사람들이라면 우버나 그랩 서비스가 소비자에게 얼마나 편리한지 경험했을 것이다.

스마트폰 앱을 통해 현 위치에서 목적지를 입력하면 내가 원하는 가까운 차량을 부를 수 있고, 목적지에 도착하면 미리 등록된 카드로 결제까지 자동으로 처리하니 영어나 현지어를 전혀 사용할 필요도 없다. 나는 동남아에서 우버와 그랩을 자주 이용하는데, 자가용을 살만한 여력이 없던 젊은이들이 차를 구입하여 개인 용도로 쓰면서 일도 할 수 있으니 만족해하고 친절했다. 더구나 큰 차를 부르지 않으면 오히려 택시비보다 저렴하게 편안한 서비스를 받는다.

현재 자동차 산업은 100여 년간 이어져 온 내연기관 시대의 종말과 전기차, 인공지능과 자율 주행 기술이 급속도로 발전하면서, 완전 자율자동차 시대로의 전환이라는 거대한 변곡점 위에 서 있다.

이미 전 세계적으로 전기차 판매량은 기하급수적으로 증가하고 있으며, 미국, 중국, 독일 등 주요 기술 선도국들은 자율 주행 기술 상용화를 위해 막대한 자본과 인력을 투입하며 치열하게 경쟁하고 있다. 이는 더 이상 먼 미래의 상상이 아닌, 가시권에 들어온 현실이다. 하지만, 이 거대한 흐름의 이면에는 강력한 저항이 존재한다.

가장 큰 반발은 변화로 인해 많은 것을 잃게 될 기득권 사업자들에게서 나온다. 수십 년간 내연기관 기술에 막대한 투자를 해온 기존의 자동차 제조사들은 전기차와 소프트웨어 중심의 모빌리티 생태계로의 전환에 어려움을 겪고 있다. 그들에게 패러다임의 전환은 기존의 생산 방식, 부품 공급망, 인력 구조 전체를 뒤흔드는 생존의 문제다. 마찬가지로 택시, 화물 운송 등 운송업계 종사자들에게 완전 자율 주행 기술의 상용화는 자신들의 직업이 AI로 대체될 수 있다는 직접적인 위협으로 다가온다. 이러한 저항은 기술의 사회적 수용을 지연시키는 주요한 요인으로 작용한다.

그런데도 AI 시대로의 전환과 그에 따른 기술 발전의 수용은 피할 수 없는 필연이다.

테슬라의 오토파일럿, 구글의 웨이모, 애플의 자율 주행차 프로젝트 등이 치열하게 경쟁하고 있다. 현재 자율 주행 기술은 레벨 2-3단계에서 레벨 4-5단계로 넘어가는 전환점에 있다. 레벨 4는 특정 조건에서 완전 자율 주행이 가능한 단계고, 레벨 5는 모든 조건에서 완전 자율 주행이 가능한 단계다.

웨이모는 이미 미국 피닉스와 샌프란시스코에서 상업용 자율 주행 택시 서비스를 운영하고 있다. 승객이 앱으로 호출하면 운전자 없는 자율 주행차가 목적지까지 안전하게 운송해 준다. 중국의 바이두도 베이징, 상하이 등에서 자율 주행 택시 서비스를 시범 운영하고 있다.

자율 주행 기술의 핵심은 인공지능이다. 딥러닝 알고리즘이 수백만 킬로미터의 주행 데이터를 학습하며 인간보다 더 안전한 운전 능력을 갖추고 있다. 카메라, 라이다, 레이더 등 각종 센서가 주변 환경을 실시간으로 인식하고, AI가 최적의 주행 경로와 속도를 결정한다. 5G 통신 기술의 발전으로 차량 간, 차량과 인프라 간 실시간 정보 교환도 가능해지고 있다.

자율 주행 기술은 우리가 당면한 복잡한 사회 문제를 해결할 잠재력을 지니고 있다.

초고령사회로의 진입은 자율 주행 기술의 필요성을 더욱 절실하게 만든다. 신체적 노화로 인해 운전이 어려워진 노년층에게 자율 주행차는 자유로운 이동권을 보장하고, 사회적 고립을 막는 핵심적인 복지 수단이 될 수 있다. 최근 자주 문제가 되는 고령층의 급발진 사고의 해결책이 될 수 있으며, 병원 방문, 장보기, 여가 활동 등 일상적인 삶의 반경을 유지해 줌으로써 노년의 삶의 질을 획기적으로 개선할 수 있는 것이다.

또한, 자율 주행 기술은 소유에서 공유로 변화하는 모빌리티 패러다임을 가속한다. 개인이 차를 소유하는 대신 필요할 때만 호출해서 사용하는 서비스가 보편화될 것이다. 이는 만성적인 도심 교통 체증과 주차난을 완화하고, 불필요한 차량 운행을 줄여 환경 보호에도 이바지한다. 자동차가 24시간 효율적으로 운행됨에 따라 사회 전반의 물류 비용 역시 획기적으로 절감될 수 있다.

현대 사회에서 사망 사고의 가장 큰 원인은 교통사고로, 전쟁이나 범죄로 인한 사망자의 2배에 이른다고 한다. 또한 이런 사고의 90퍼센트 이상이 음주나 과속, 졸음운전 등 사람의 실수로 인한 것이라는 통계가 많이 나와 있다. 자율자동차에서는 일어날 수 없는 사고들이다. 인간의 실수로 인한 교통사고 발생률이 자율 주행차의 사고율보다 월등히 높다는 데이터가 있음에도 불구하고, 자율 주행차의 본격적인 상용화는 더디게 진행되고 있다. 그 이유는 단 한 건의 자율 주행차 사고가 불러일으키는 사회적 파장 때문이다. 사고 발생 시 책임의 주체를 어떻게 결정할 것인지에 대한 사회적 합의도 필요하며, 무엇보다 아무리 완벽한 기술이라도 대중의 신뢰를 얻어야 사회 시스템에 편입될 수 있다.

이는 비단 자율 주행차만의 문제가 아니다. 앞으로 AI 기술이 사회 각 분야에 깊이 파고들면서 우리는 끊임없이 이와 유사한 사회적 합의의 과제에 직면하게 될 것이다.

자율 주행 시대는 필연적으로 기존의 일자리를 위협하겠지만, 동시에 새로운 산업과 서비스를 창출할 것이다. 정부와 사회는 직업 전환 교육과 사회 안전망 강화를 통해 전환 과정에서 소외되는 이들을 보호하고, 새로운 시대가 요구하는 역량을 갖추도록 지원해야 한다. 변화의 문턱에서 과거의 방식을 고수하며 주저하는 사회에게 미래는 없다. 자율 주행이라는 거대한 물결을 새로운 도약의 기회로 삼는 능동적인 자세가 필요한 시점이다.

AI와 함께한 현대사 토론

우리는 AI 개인화의 시대를 살아가고 있다.

AI와 빅데이터 분석을 통해 나에게 제공되는 유튜브나 넷플릭스가 추천하는 영화나 영상들, 온라인 쇼핑몰에서 보내온 나를 위한 상품들에 익숙하다.

사람들은 자신을 이해하고, 자신에게 맞춤화된 것들을 좋아하며 AI는 이러한 기대를 충족시키는 강력한 도구다.

나를 위한 나만의 맞춤형 AI 비서를 만들 수 있는 것이다.

AI 개인화 시대에는 내가 직접 질문하고 평가하는 자기 학습이 중요하며, 인공지능의 빠른 변화에 적응해 나가는 훈련이 필요하다.

최신의 AI는 프롬프트가 정확하지 않아도 유사한 질문을 역으로 제안하기도 하고, 계속 질문을 유도하여 내가 원하는 답을 찾을 수 있게 한다.

인간의 복잡한 심리, 역사나 종교적 신앙에 관한 질문에도 AI는 답을 준다. 다른 사람과 쉽게 의논할 수 없는 여러 생각들을 AI와는 대화할 수 있다.

이런 경우, 비슷한 성향의 사람들과 커뮤니티를 통해 대화할 수 있으면 훨씬 깊이 있는 경험을 할 수 있을 것이다.

몇 달 전, 일반인을 대상으로 한 AI 기본 교육을 진행한 적이 있는데, 그날 내게 할당된 시간은 오후 2시간이었다. 연휴 전날이라 15명 교육생 중 4명만 출석해서 오후 일정을 휴강으로 처리하자는 의견도 있었지만, 이왕에 참석했으니 강의 내용과 무관하게 자유 토론 형식의 시간을 갖게 되었다. 특히, 일본에서 대학을 나오고 10여 년 직장 생활도 했다는 수강생이 자유 토론을 하고 싶다고 했다.

그는 2016년, 2024년 촛불 문화를 경험하면서 한국과 일본의 시민 참여의식에 대한 차이점에 관심을 갖게 되었고, AI에 여러 질문을 했다는 것이다. 그래 그가 AI에 질의 응답한 내용 몇 개를 수강생들과 공유하며, 자연스레 각자 다른 형태의 질문도 직접 해 보면서 토론하는 좋은 경험을 하게 되었다. 결국 이런저런 얘기로 다음 2시간까지 4시간을 시간 가는 줄 모르게 토론하였다.

그날 공유하며 토론의 시작이 된 내용을 인용한다.

> 제2차 세계대전 종전 후, 미국은 일본과 한국에서 각각 군정을 실시했으며, 이 두 지역의 군정은 여러 면에서 차이를 보였습니다. 다음은 일본과 한국 군정의 주요한 차이점입니다.

1. 군정의 구조와 통치 방식
- 일본: 일본은 더글러스 맥아더가 이끄는 연합군 최고사령부(GHQ)에 의해 통치되었습니다. 맥아더는 일본 정부를 통해 간접적으로 통치하였고, 천황을 정치적 상징으로 유지하면서도 실질적인 권력을 행사했습니다. 일본의 헌법 개정과 같은 주요 정책은 GHQ의 지시에 따라 이루어졌으며, 일본 정부는 형식적으로 존재했지만 실질적으로는 미국의 지배를 받았습니다.
- 한국: 한국의 경우, 미국은 존 하지 중장이 이끄는 미군정청을 통해 직접적인 군정을 실시했습니다. 한국에서는 미국의 군정이 보다 강압적이었으며, 독립 요구 시위에 대한 강력한 진압이 특징적이었습니다. 미군정은 한국의 정치적 자율성을 제한하고, 친일파를 포함한 권력 구조를 유지하는 데 중점을 두었습니다.

2. 정치적 접근과 개혁의 방향
- 일본: 일본의 군정은 민주적 개혁을 목표로 하였고, 새로운 헌법을 제정하여 전후 일본의 정치 체제를 민주적으로 전환하려 했습니다. 맥아더는 전쟁 범죄에 대한 처벌을 통해 일본 사회의 재건을 도모하고, 경제적 부흥을 위한 정책을 추진했습니다.
- 한국: 한국에서는 미군정이 정치적 안정성을 우선시하며, 공산주의 세력의 확산을 저지하기 위한 강력한 조치를 취했습니다. 이 과정에서 미군정은 좌파 세력과 노동 운동을 탄압하고, 친일 세력을 권력의 중심에 두

어 일제의 잔재를 청산하지 못하게 했습니다.

3. 사회적 반응과 저항
- 일본: 일본 국민들은 천황의 지위를 유지하는 것에 대해 복잡한 감정을 가졌으나, 전반적으로 맥아더의 통치에 대한 저항은 상대적으로 적었습니다. 이는 천황이 전쟁 책임을 지지 않으면서도 국민의 상징으로 남아 있었기 때문입니다.
- 한국: 한국에서는 미군정에 대한 저항이 강하게 나타났습니다. 특히 제주 4·3 사건과 같은 대규모 저항 운동이 발생하였고, 이는 미군정의 강압적인 통치에 대한 반발로 볼 수 있습니다. 한국 국민들은 독립을 요구하며 미군정에 대한 불만을 표출했습니다.

이러한 차이점들은 일본과 한국의 역사적·정치적 맥락에서 비롯된 것으로, 각 지역의 군정이 어떻게 운영되었는지를 잘 보여 줍니다. 일본은 상대적으로 안정적인 민주적 개혁을 추진한 반면, 한국은 강압적인 통치와 저항의 역사를 겪었습니다.

이 내용을 중심으로 한국과 일본의 문화 차이, 이후 한국 현대사에 대한 여러 생각들을 각자 AI에 질문하고 답변도 들으며, 함께 정리해 볼 수 있었다.

먼저, 이 인용 글의 주인공인 맥아더와 하지 장군의 평가를 알아봤다.

더글러스 맥아더는 제2차 세계대전 이후 일본 점령군 최고사령관으로서 일본의 전후 재건을 주도했다. 그는 일본에 민주주의를 도입하고, 새로운 헌법을 제정하며, 경제와 사회를 안정시켜 일본인들 사이에서는 '마지막 쇼군'으로 불리며 존경받았다. 그러나 그는 일본 천황제를 유지하며 전범으로 처벌하지 않은 결정을 내려, 일본 내 극우주의의 부활과 전쟁 책임 회피의 여지를 남겼다는 비판을 받기도 한다.

미국 역사에서 그는 오만하고 독단적이라는 비판을 받기도 하지만 뛰어난 전략가로 평가받으며, 특히 인천상륙작전과 같은 과감한 결단력으로 유명하다. 그는 미국 내에서 한때 영웅으로 칭송받았으며, 그의 리더십은 많은 사람들에게 영감을 주기도 했다.

존 하지는 한국에서 미군정을 이끌었던 군사 지도자며, 그의 리더십은 맥아더와는 대조적으로 평가된다. 그는 한국에 대한 사전 지식이 부족했고, 한국 사회의 복잡한 정치적·문화적 상황을 이해하지 못한 채 군정을 운영했다. 그는 친일파를 중용하고, 민족주의 세력과의 갈등을 빚으며 한국인들의 신뢰를 얻는 데 실패했다. 하지의 주요 목표는 남한을 반공 세력으로 전환시키는 것이었으나, 이는 한국 사회의 분열을 심화시키는 결과를 초래했다.

미국 역사에서 그의 한국 통치는 실패한 것으로 평가받는다. 그는 한국인들 사이에서 '미국의 제국주의적 통치자'로 인식되었으며, 그의 정책은 한국 사회에 부정적인 영향을 미쳤다는 비판을 받는다.

한반도와 인접하여 역사적 교류가 많았던 중국이나 소련에 비해 미국은 한국에 대한 인식이 부족하였고, 미군정은 한국과 일본에 대해 전혀 다른 정책을 펼쳤다. 일본에 대해서는 기존 관료 기구를 그대로 활용하는 간접 통치를 실시했지만, 한국에서는 직접 통치 방식을 택했다. 이러한 차별적 접근은 단순한 행정상의 편의가 아니라 근본적인 인식의 차이에서 비롯된 것이었다. 일본은 패전국이지만 향후 냉전체제에서 중요한 동맹국으로 인정한 반면, 한국은 식민지에서 갓 벗어난 무능한 국가로 취급했다. 미군정은 한국인의 자치 능력을 불신했으며, 이는 곧 일제강점기 협력자들에 대한 관용과 독립운동 세력에 대한 견제로 이어졌다. 그들은 조선총독부의 일본인 관리들을 유임시키는 한편, 조선인민공화국 같은 자생적 정치조직을 불법화했다. 이는 해방 정국에서 민족적 역량을 결집하려던 노력들을 원천 봉쇄하는 결과를 낳았다.

미군정 시기의 가장 충격적인 현상은 친일 세력의 대대적인 복귀였다. 일제강점기 조선총독부의 핵심 인물들이 미군정 하에서 다시 권력의 중심에 섰다. 경찰 조직의 경우, 더욱 심각했다. 일제강점기 조선인 독립운동가들을 고문하고 탄압했던 친일 경찰들이 해방 후에도 그대로 자리를 지켰고, 오히려 승진을 거듭했다. 노덕술로 대표되는 친일 경찰들은 미군정 하에서 '반공'이라는 새로운 깃발을 들고 과거보다 더 큰 권력을 누렸다. 이들은 일제강점기에는 독립운동가를, 해방 후에는 좌익 인사들을 탄압하는 역할을 담당했다.

친일 관료들 역시 마찬가지였다. 수많은 친일 엘리트들이 해방 후 한국 사회의 지배층으로 편입되었다. 이들은 반공과 건국이라는 명분으로 과거 청산을 회피했고, 오히려 독립운동 세력을 빨갱이로 매도하며 제거해 나갔다.

해방 직후 한반도는 일제의 폭압에서 벗어났으나, 기존의 식민 통치 체계를 상당 부분 그대로 유지했다. 일본인 관료가 떠난 자리를 친일 경력이 뚜렷한 조선인들이 채우면서, 독립운동 세력과 민족주의 인사들은 철저히 배제되고 탄압받았다.

해방은 왔으나, 해방의 주역들은 역사의 뒤안길로 밀려난 것이다.

이승만의 집권은 미군정이 만들어 낸 구조적 모순의 필연적 결과였다. 35년간 미국에 체류하며 일제 치하 조국의 현실과 동떨어진 삶을 살았던 이승만은 미군정에 이상적인 대리인이었다. 그는 한국 내 정치적 기반이 없었기 때문에 오히려 미국에 대한 의존도가 높았고, 반공 이데올로기에 철저히 경도되어 있었다. 그는 집권 후 친일 세력과의 전면적 야합을 통해 정권을 유지했다. 일제강점기 조선총독부 관리였던 이들이 이승만 정권에서 장관과 고위공직을 차지했고, 친일 경찰들은 더욱 승승장구했다.

이승만 정권의 반민주적 성격은 반민특위 활동 과정에서 적나라하게 드러났다. 일제강점기 민족 반역자들을 처벌하고자 했던 반민특위의 활동을 이승만은 노골적으로 방해했다. 경찰을 동원하여 반민특위 사무실을 습격하고, 친일파 체포영장 발부를 저지하는 등 노골적인 사법 방해를 자행했다. 이는 이승만 정권이 친일 세력을 정치적 기반으로 삼고 있음을 명백히 보여 주는 사건이었다.

이승만의 친일파 옹호 정책은 한국 사회의 정의와 도덕성을 근본적으로 훼손했다. 민족을 배신한 자들이 해방된 조국에서 다시 권력을 잡는 기괴한 상황이 연출되었고, 이는 한국 사회의 가치 체계를 심각하게 왜곡시켰다. 기회주의와 변절이 생존의 수단으로 자리 잡는 한국 현대사의 시작점이었던 것이다.

그의 정치 방식은 반민주적이었다. 선거 조작, 야당 탄압, 언론 통제, 사사오입 개헌 등 헌정 질서를 훼손하는 행위가 반복되었다. 그는 국가 안보를 명분으로 독재 권력을 강화했고, 국가 폭력은 일상화되었다. 제주 4·3 사건, 여순사건, 보도연맹 학살 등에서 수십만 명이 희생되었고, 이는 반공이라는 명목 아래 정당화되었다.

이승만 정권의 가장 큰 역사적 죄악은 분단을 고착화시켰다는 점이다. 이승만은 북진통일론을 내세우면서도 실제로는 분단 체제를 기정사실화하고, 이를 자신의 정치적 이익을 위해 활용했다. 분단 고착화는 한국 사회의 이념적 토양을 메마르게 만들었다. 모든 진보적 사고와 사회 개혁 의지가 '빨갱이'로 매도되는 상황에서 한국 사회는 극단적인 보수주의와 반공주의에 매몰되었다. 이는 건전한 민주주의 발전을 저해하는 결정적 요인이 되었으며, 오늘날까지도 한국 정치의 발목을 잡고 있다.

해방 직후 한국 사회에는 다양한 정치적 스펙트럼이 존재했다. 김구로 대표되는 우익 민족주의, 여운형의 중도 민족주의, 박헌영의 좌익 민족주의 등이 각각의 노선을 제시하며 경쟁했다. 그러나 미군정과 이승만 정권은 이러한 다원적 정치 지형을 용인하지 않았다. 오직 친미 반공 노선만이 허용되었고, 나머지는 모두 빨갱이로 매도되어 제거되었다.

김구의 비극적 죽음은 이러한 상황을 상징적으로 보여 준다. 평생을 조국 독립에 헌신했던 김구는 분단 반대와 민족 통일을 주장했다는 이유로 이승만 정권의 표적이 되었다. 1949년 6월 26일 경교장에서의 김구 암살은 단순한 개인적 테러가 아니라 민족주의 세력 전체에 대한 경고였다.

이승만 정권의 친일파 옹호 정책은 한국 사회의 근대화 과정을 근본적으로 왜곡시켰다. 일제강점기의 부역 세력이 해방 후 근대화의 주역이 되는 기형적 구조가 형성된 것이다. 이러한 왜곡은 한국 자본주의의 태생적 한계로 작용했다. 일제강점기 수탈 체제에 편입되었던 자본과 인력이 해방 후에도 그대로 온존되었고, 이들이 한국 자본주의의 핵심을 이루게 되었다. 정상적인 축적 과정을 거치지 않은 이들 자본은 언제나 정치 권력에 기생하는 속성을 보였으며, 이는 오늘날까지도 한국 자본주의의 고질적 문제로 남아 있다.

교육계와 문화계 역시 마찬가지였다. 일제강점기 황국 신민화 교육에 앞장섰던 교육자들이 해방 후에는 반공교육의 전도사가 되었다. 친일 문인들은 자신들의 과거를 은폐한 채 문단의 주류로 군림했다.

이는 한국 지식 사회의 도덕적 기반을 심각하게 훼손했으며, 비판적 지성의 발달을 저해하는 요인이 되었다.

해방 직후 미군정과 이승만 정권의 반역사적 행보는 한국 현대사 전체를 관통하는 구조적 모순의 출발점이었다. 친일 세력의 부활, 민족주의 세력의 제거, 분단의 고착화, 민주주의의 왜곡 등은 모두 이 시기에 형성된 문제들이다.

가장 심각한 것은 이러한 모순들이 제대로 청산되지 않은 채 오늘날까지 지속되고 있다는 점이다. 친일파에 대한 역사적 단죄는 여전히 미완의 과제로 남아 있고, 분단 체제는 한국의 보수 세력에는 영원한 정치적 자산이다. 북한 위협론을 내세워 진보 세력을 매도하고, 사회 개혁 요구를 무력화시키는 것이 분단 체제에서는 매우 효과적인 정치 전략이다. 이는 이승만이 처음 사용한 수법으로, 오늘날까지도 한국 정치의 고질적 패턴으로 반복되고 있다.

한국 현대사의 비극은 해방이 진정한 해방이 되지 못했다는 데 있다. 일제강점기의 모순이 청산되지 않은 채 새로운 모순이 덧씌워졌고, 이는 한국 사회를 구조적으로 불안정하게 만드는 요인이 되었다. 미군정과 이승만 정권의 반역사적 선택은 한국 사회가 정상적인 근대화와 민주화의 길을 걷지 못하게 만든 원죄였다.

오늘날 한국 사회가 직면한 많은 문제의 뿌리를 거슬러 올라가면 결국 이 시기에 도달한다. 왜곡된 권력 구조, 기형적인 자본주의, 분단 체제의 모순, 권위주의 문화 등은 모두 해방 직후의 잘못된 선택이

낳은 결과다. 진정한 민주주의와 통일된 민족국가 건설을 위해서는 이 시기에 대한 철저한 성찰과 청산이 선행되어야 한다.

일본에서도 미군정이 우리와 비슷한 방식을 취했다는 사실도 확인할 수 있었다. 군국주의 지도부 일부를 제거했지만, 전범 혐의자 다수는 정치와 경제의 현장으로 복귀했으며, 반공주의를 앞세운 점에서 우리와 같았다. 미국은 한국과 일본을 아시아에서의 공산주의 봉쇄선으로 활용했으며, 양국에서 과거 제국주의·식민주의 세력의 부활을 허용하는 결과를 낳았다.

그날 우리는 한나절 만에 해방정국과, 이어지는 이승만 정권에 대한 역사적 내용들을 AI에 물어 가며 토론하는 값진 경험을 했다.

AI를 통한 학교 교육도 교사가 중심이 되어 이런 형태로 진행될 것이다. AI는 방대한 사료를 분석하고, 학생들은 이를 바탕으로 역사를 각자의 관점에서 해석하고 토론할 수 있다. 객관적 정보 처리와 분석은 AI에서 맡기고, 인간은 상식과 창의적 사고를 바탕으로 각자의 판단력에 집중하는 것이다.

항쟁의 세월

부마항쟁은 1979년 10월 부산과 마산에서 유신독재에 항거한 시민들이 일으킨 민주화운동으로, 박정희 정권의 붕괴를 촉진하며 유신체제의 종말을 가져왔다.

당시 노동자와 시민이 대거 참여하며 민주화운동의 새로운 가능성을 열었다는 점에서 중요한 의의가 있다. 그러나 박정희의 죽음과 신군부의 등장으로 인해 그 역사적 의미가 상대적으로 묻히는 결과를 낳았다.

1980년 5월 광주 민주항쟁은 민주주의를 위한 투쟁의 정점이었다. 시민들은 계엄군의 폭력에 맞서 자발적으로 조직화하였고, 도시 치안을 유지하며 높은 시민의식을 보여 주었다. 이는 단순한 지역적 항쟁을 넘어 전국적 민주화운동의 기폭제가 되었으며, 이후 민주주의의 보루로서 광주의 상징성을 확립했다.

부마항쟁과 5·18 광주 민주항쟁은 한국 민주화운동의 중요한 이정표다. 두 사건은 비상계엄하에서 시민들이 독재에 맞서 싸운 용기와 희생을 보여 주었지만, 그 결과와 사회적 반응은 달랐다. 부산은 보수화의 길을 걸었고, 광주는 민주주의의 보루로 자리 잡았다.

세계사적으로 민주주의는 수많은 희생을 통해 발전해 왔다. "민주주의는 피를 먹고 자란다"라는 표현은 단순한 비유가 아니라 역사 속에서 반복적으로 나타난 현실을 반영한다. 이는 독재와 억압에 맞선 시민들의 투쟁과 희생이 민주주의의 뿌리를 내리게 했음을 상징적으로 보여 준다.

프랑스 혁명은 구체제에 맞선 시민들의 대규모 저항으로, 자유, 평등, 박애라는 민주주의의 핵심 가치를 확립했다. 이 과정에서 수많은 사람이 단두대에서 처형되었고, 혁명은 폭력과 혼란 속에서 진행되었다. 그러나 이 희생은 현대 민주주의의 기틀을 마련하는 데 결정적 역할을 했다.

미국 독립운동의 아버지로 불리는 토머스 제퍼슨도 "자유의 나무는 애국자와 독재자의 피로 새롭게 된다"고 했다.

그런데 왜 대한민국의 민주주의에는 '애국자와 시민의 피'만 있고, 독재자와 권력자의 피는 없는 것일까? 일본의 36년 식민 통치를 받은 우리와 비교하면 프랑스가 독일의 지배를 받은 기간은 4년인데, 그들은 약 9,000명의 나치 부역자를 재판 절차를 밟지도 않고 즉각 처형했다. 이후 점차 사법적 절차가 도입되고 사면 운동이 이어지면서도 2만 명 이상을 사형시켰다.

나는 계엄군으로 부산에서 복무하면서 부마항쟁, 10.26, 12.12, 삼

청교육대를 직접 체험하고 5·18의 진실을 알았을 때, 민주화가 되면 전두환 가족이나 측근들은 이 땅에선 살 수 없을 것이라 확신했었다.

전두환 정권의 무수한 피해자들이 법적인 처리와 무관하게 이들을 용서하지 않으리라 믿었기 때문이다. 그러나 전두환은 여유로운 노후 생활을 즐기다 갔으며, 그 측근들은 엄청난 자산으로 편히 살고 있다.

대한민국의 기득권 세력은 1%도 되지 않는데, 문제는 그 세력에 부역하는 정치인과 권력기관, 부패한 지식인, 언론 등 일제와 군사독재의 잔존 세력이 뿌리 깊게 살아 있는 것이다.

1987년은 국가적으로나 내 개인적으로도 중요한 해였다.

광양제철소 1기 시스템을 완성하고 제철소의 생산이 시작되었으며, 이제 다음 2기 시스템을 준비하는 시기였다. 서울과 광양을 오가면서, 서울에서는 전두환 정권에 저항하는 민주화 투쟁에 참여하고, 직장에 내려오면 일에만 전념해야 했다. 포스코에서는 단지 내에서 먹고 자며, 일에 매진하는 문화가 정착되어 있었다. 결국, 나는 포스코를 사직하고 이른바 '넥타이부대'의 한 명으로 6월 항쟁에 동참하였다.

1987년 6월 항쟁은 군부독재의 총칼 앞에서도 굴하지 않은 시민들의 용기로 대통령 직선제를 쟁취한 민주주의의 위대한 이정표였다. '호헌철폐', '독재타도'의 함성은 전국을 뒤덮었고, 결국 전두환 정권의 항복인 6·29 선언을 끌어냈다. 그에 따라 16년 만에 대한민국의 제13

대 대통령 선거가 12월 16일에 실시되었다.

나는 이때, TV 방송 사상 최초로 MBC가 기획한 실시간 개표 현황 중계를 위해 IBM과 함께 기술 협찬에 참여했다. IBM은 모든 시스템을 제공하였으며, 내가 맡은 일은 전국적 개표 네트워크가 끊기지 않고 계속 접속할 수 있도록 시스템을 이중화하여 백업하는 것이었다. 인터넷이 아직 없던 시절이라 전화선이나 전용 회선을 사용하여 몇 달간 MBC 상황실에 모여 모든 가능성에 대비한 모의 훈련을 했다.

1987년 12월 대선 결과는 노태우 후보 36.64%였으며, 김영삼 후보와 김대중 후보 득표율의 합은 55.07%였다. 분열의 결과는 패배였다.

민주 진영의 분열 속에서 독재의 후예인 노태우가 대통령에 당선되었고, 군부와 안기부로 대표되는 권력의 핵심 구조는 온존했다. 정치는 시민의 열망을 담아내는 그릇이 되지 못하고, 구시대의 시스템은 변하지 않은 것이다. 절차적 민주주의라는 최소한의 문턱을 넘었을 뿐, 사회 전반의 민주적 개혁은 지체되거나 좌초했다.

2014년 4월 16일 세월호 침몰은 대한민국을 충격에 빠뜨렸다. 진도 앞바다에서 수학여행 가는 학생들을 태운 여객선이 전복됐다. TV 생중계로 마음 졸이며 구난 작업을 지켜보던 국민은 오보를 남발하는 언론과 정부의 무능에 분노했다. 결국 국민이 지켜보는 가운데 300명 이상의 생명이 세월호와 함께 침몰했다. 광화문 광장의 노란 리본 시위는 1980년 광주항쟁과 연결되는 추모와 항의로, 또 다른 민주화 상징이 되었다. 진실 은폐에 급급한 무능하고 무책임한 정부의 태도는 2016년 촛불로 이어졌다.

2016년 겨울의 광화문은 더욱 성숙하고 거대해진 시민의 힘을 보여주었다. 국정농단이라는 초유의 헌정 유린 사태 앞에서 1,700만 시민은 비폭력과 평화의 촛불을 들고 대통령 파면을 이끌어 냈다. 이는 단순히 한 명의 부패한 권력자를 끌어내린 사건이 아니었다. 시민들은 정권 교체를 넘어 적폐 청산과 사회 대개혁을 명령했다.

그러나 촛불의 열망으로 탄생한 정부조차 그 과업을 완수하지 못했다. 검찰, 사법, 언론, 재벌로 이어지는 견고한 기득권의 저항은 상상 이상으로 강력했다. 개혁은 번번이 좌절되었고, 정치권은 개혁의 동력을 상실했다. 결국 촛불혁명의 정신은 구체적인 제도로 뿌리내리지 못했고, 사회의 구조적 모순은 해결되지 않은 채 또다시 정치적 양극화와 혐오의 자양분이 되었다.

2024년의 촛불은 2016년과는 성격이 달랐다. 2016년이 부패와 국정농단에 대한 분노에서 시작된 점진적 각성이었다면, 2024년은 민주주의 자체를 위협하는 친위 쿠데타의 급박한 위기에 대한 즉각적 대응이었다.

국회의원들과 시민들이 국회로 달려갔고, 계엄군이 국회 본회의장 진입을 시도했지만, 국회는 출석 의원 전원이 찬성해 계엄 해제 요구안을 통과시켰다. 6시간 만에 윤석열은 계엄을 해제할 수밖에 없었다. 민주주의의 힘이 독재의 야욕을 압도한 순간이었다.

그리고 12·3 비상계엄 이후, 우리는 다시 비슷한 풍경을 목도하고 있다. 이는 한국 민주주의의 회복력이 위기 상황에서만 폭발적으로 발현될 뿐, 상시적으로 작동하는 데 실패했음을 의미한다.

이러한 반복적 실패의 근원에는 한국 현대사가 가진 구조적 한계가 깊이 자리하고 있다. 군사정권에 의한 압축적 경제성장과 권위주의적 통치 방식은 사회 곳곳에 내재화되었고, 민주적 토론과 합의의 문화는 뿌리내리지 못했다. 여기에 남북 분단이라는 특수 상황은 모든 사회적 모순을 이념의 잣대로 재단하는 편리한 도구로 악용되었다. 개혁을 향한 목소리는 종북 또는 좌파라는 딱지로 손쉽게 억압되었고, 기득권 세력은 안보라는 신성불가침의 방패 뒤에 숨어 자신들의 탐욕을 정당화했다.

경제적 양극화의 심화는 이러한 갈등을 더욱 부추겼다. 각자도생의 무한경쟁 사회에서 시민들은 연대보다는 고립을 강요받았으며, 그 분노는 시스템의 근본적 문제 대신 특정 정치 집단이나 사회적 약자를 향한 혐오로 분출되었다.

이러한 토양 위에서 정치, 언론, 사법 시스템은 서로를 견제하고 감시하는 민주주의의 보루가 아니라, 서로의 이익을 지켜 주는 기득권 카르텔로 공고화되었다. 정치는 민의를 대변하기보다 다음 선거 승리에 몰두하며, 언론은 진실을 파헤치기보다는 여전히 권력의 스피커로 남아 있다. 특히 막강한 수사권과 기소권을 독점한 검찰과 사법부는 스스로가 정치 권력이 되어 기득권 질서의 수문장 역할을 자처하는 모습을 보여 주었다. 이들은 법의 이름으로 개혁을 무력화시킨다.

나는 청계광장에서 서울시청, 광화문 광장을 오가며 행진을 할 때마다 착잡한 심경을 감출 수 없었다. 그곳은 중심부 양쪽에 일제와 독재에 부역한 언론사들이 버티고 있는 역사의 아이러니를 보여 주는 현장이기 때문이다. 그들은 수백만의 촛불에도 전혀 두려워하지 않는다. 파리의 콩코드 광장이나 샹젤리제 거리에 나치 부역 언론사가 버티고 있는 모습은 상상할 수 없다.

한국의 민주주의는 위기 순간마다 시민의 거대한 항쟁으로 스스로를 구원해 왔지만, 그 성과는 언제나 일시적이었다. 시민들은 광장에 나서 민주주의를 수호하고, 기득권 세력이 형식적 양보로 위기를 모면하고, 근본적 구조는 그대로 유지되는 악순환이 계속된다.
특검, 검찰개혁위원회, 사법개혁 위원회 등 무수한 개혁 기구가 만들어졌지만, 모두 형식적 개혁으로 본질을 회피하는 데 그쳤다.

이제 우리는 AI 시대를 맞이하고 있다. 기술의 발전은 이 견고한 기득권 시스템을 와해시킬 기회가 될 수 있다.
이제 시민의 역할은 위기가 닥쳤을 때 광장에 모이는 것을 넘어, 이 낡은 시스템을 근본적으로 대체할 새로운 판을 짜는 것으로 나아가야 한다. AI와 데이터 기술은 시민이 직접 권력을 감시하고, 정책 과정에 참여하며, 대안을 만들어 내는 강력한 무기가 되어야 한다.
정부는 국가기관이 가지고 있는 모든 데이터를 공개하여 시민 주도형 데이터 민주주의를 구축해야 한다. 정부와 국회, 사법부의 모든 예산 집행과 정책 결정 과정을 AI를 통해 실시간으로 분석하고, 투명하게 공개하는 플랫폼을 만들어야 한다. 시민들은 더 이상 정권의 홍보나 언론의 왜곡된 프레임을 통해서가 아니라 가공되지 않은 데이터를 통해 권력의 작동 방식을 직접 감시하고 평가할 수 있어야 한다.

또한, AI를 활용하여 시민들이 직접 법안을 발의하고, 정책을 제안하며, 사회적 합의를 형성해 나가는 디지털 민주주의의 요소를 과감히 도입해야 한다. 이는 소수의 정치 엘리트가 독점하던 정치의 문턱을 낮추고, 시민의 일상적 참여를 제도화하는 길이다. 언론과 사법 시스템에 대한 시민의 통제를 강화해야 한다. 편향과 왜곡 보도를 일삼는 언론에 대해서는 시민들이 팩트 체크와 데이터 분석을 통해 직접 평가하고, 책임을 묻는 시스템을 만들어야 한다. 사법부의 판결 또한 AI를 통해 분석하여 판사 개인의 성향이나 정치적 편향이 재판 결과에 미치는 영향을 공개하고, 시민들이 배심원 등으로 사법 과정에 참여할 기회를 대폭 확대해야 한다.

대한민국 민주주의의 역사는 시민의 위대한 승리와 기득권 시스템의 교묘한 저항이 반복된 투쟁의 기록이다. 이제 이 지긋지긋한 순환의 고리를 끊어야 할 때다.

2025년 6월, 이재명 정부 출범과 함께 3대 특검법이 빠르게 진행됐다. 내란 특검법, 김건희 특검법, 채상병 특검법이 국회 통과 후 단 하루 만에 국무회의에서 의결되고 공포됐다. 더불어민주당과 조국혁신

당이 후보자를 추천한 당일 밤, 곧바로 이재명 대통령이 특검을 지명하면서 3대 특검 가동에 속도가 붙었다.

3대 특검이 동시에 진행되는 사상 초유의 사정 정국이 시작됐다고는 하지만, 기존 사법 시스템의 한계는 여전히 존재한다. 특검이라는 제도 자체가 갖는 구조적 한계와 함께, 보다 근본적인 개혁이 필요하다고 느낀다.

현 사법부에 대한 국민의 불신은 크다. 기존 특검 수사들에 대한 지연, 이재명 재판의 급속한 파기 환송 처리, 유례없는 계산법에 따른 윤석열 석방, 내란 관련 혐의자들에 대한 잇따른 구속영장 기각 등으로 국민은 불안하다.

특검은 초기 수사에서 핵심 증거를 모아 기소할 것이다. 피의자와 그를 둘러싼 기득권 세력은 영장·압수수색의 헌법적·절차적 정당성 문제를 제기하며 방어에 집중할 것이다. 법원은 방어권 보호와 증거 평가를 근거로 보수적 결정을 내릴 가능성이 크다. 1심 유죄 판결이 내려져도 항소·상고를 통해 사건은 수년간 상급심을 오가며 지연될 것이다. 이 과정에서 시간은 피고인 쪽의 편으로 작동할 가능성이 높다.

이 때문에 별도의 특별재판부 설치 주장은 단순한 감정의 표출이 아니다. 역사적 사건의 재판은 형사절차를 넘어 국민공동체의 규범을 확인하는 역사적 심판이어야 한다.

윤석열은 최소 2024년 3월부터 김용현 전 국방부 장관, 여인형 방첩사령관, 곽종근 특전사령관 등과 계엄을 모의해 왔다고 한다. 이는 단순한 충동적 계엄이 아니라 치밀하게 계획된 쿠데타였음을 의미한다. 더욱 충격적인 것은 북한과의 국지전을 유도하여 계엄 명분을 만들려 했다는 외환죄 의혹이다. 북한 오물 풍선 원점 타격 계획에 이어 북한과의 교전을 가정한 대응 지침을 만든 정황까지 확인됐다. 이는 내란을 넘어 외환죄까지 적용될 수 있는 반국가적 행위다.

이런 중대한 내란 사건을 윤석열 정부 시절 임명된 판사들이 여전히 장악하고 있는 기존 사법부에 맡길 수는 없다. 사상 초유의 내란과 외환이라는 최고 수준의 범죄를 다루려면 특별한 전문성과 독립성을 갖춘 재판부가 필요하다. 또한 기존 사법부의 지연 전술과 소극적 대응으로는 국민이 원하는 신속한 정의 구현이 불가능하다. 특별재판소를 통해 집중적이고 신속한 재판을 진행해야 한다.

특별재판소 설치와 함께 반드시 도입해야 할 것이 국민참여재판이다.

12·3 내란은 단순히 법률적 판단의 문제가 아니라 민주주의 수호에 관한 국민적 의지의 표현이어야 한다.

국민참여재판이 필요한 이유는 명확하다.

내란으로 국민의 주권을 침해한 사건에 대해서는 주권자인 국민이 직접 심판에 참여해야 하며, 이를 통해 사법부의 밀실 거래나 정치적 타협을 원천 차단할 수 있다.

내란에 부역한 정치인과 정치검찰, 군사독재 잔존 정치 세력을 비롯한 권력기관, 부패한 고위 공직자들을 처단하는 역사를 한 번은 써야 한다.

1987년 6월 항쟁, 2016년 촛불혁명은 미완의 혁명으로 끝났지만, 이번만큼은 달라야 한다. 윤석열과 그 일당에 대한 강력하고 신속한 처단과 처벌로, 다시는 이런 반민주적 시도가 일어나지 않도록 해야 한다.

특별재판소, 수사를 포함한 재판의 모든 과정을 공개하는 국민참여재판을 통해 이를 실현해야 한다. 그리고 무엇보다 중요한 것은 역사적 기록이다. 국민이 직접 참여한 재판 결과는 후세에 더욱 명확한 역사적 교훈을 남길 수 있다.

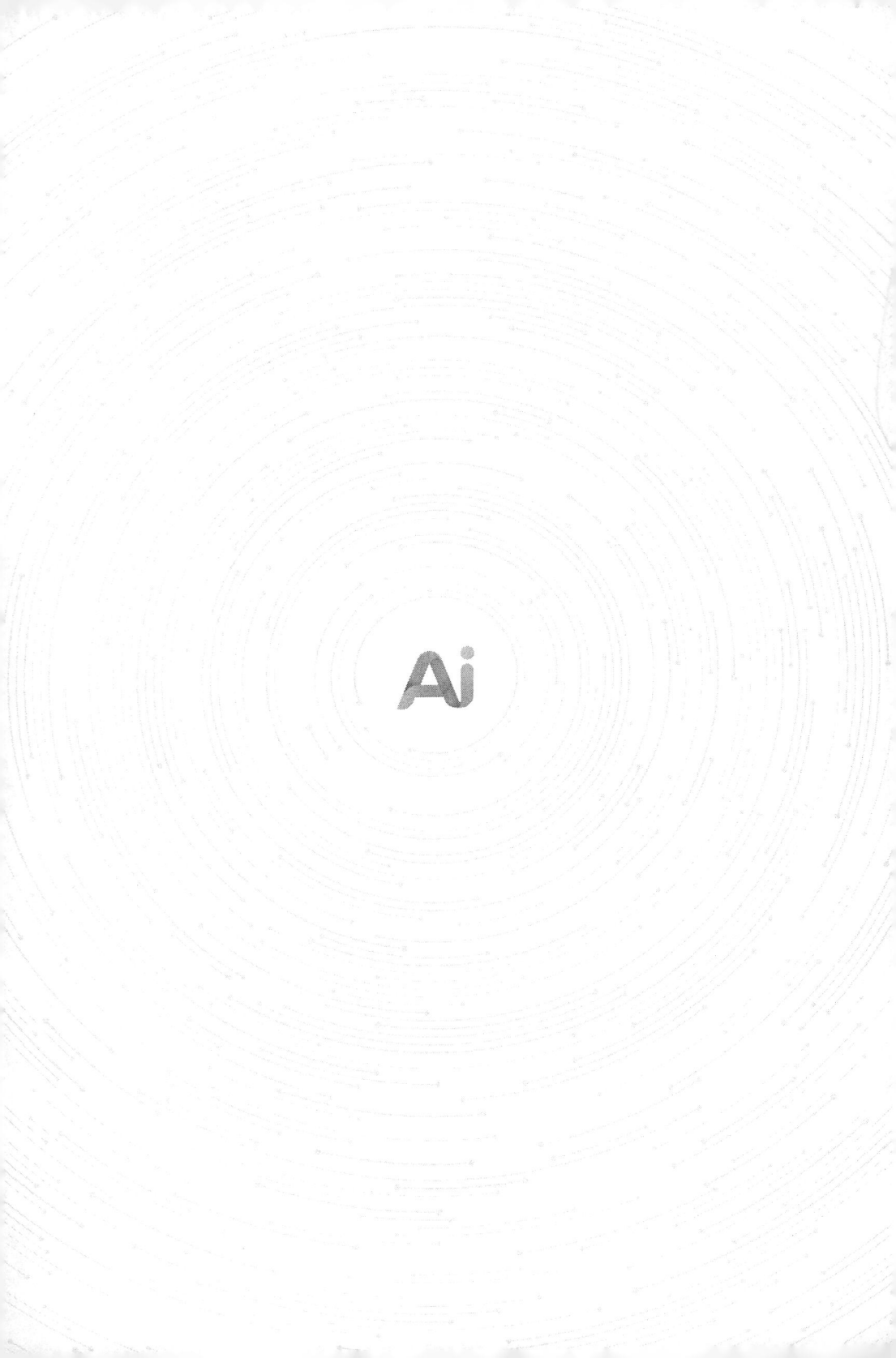

장수 시대에 필요한 AI

2024년 한국복지정보통신에서 주관하는 시니어 디지털 교육 강사 양성 과정에 참여하고, 일반인이나 제2의 인생을 준비하는 시니어들을 대상으로 틈틈이 강의도 했다.

나날이 새롭게 발전하는 인공지능 플랫폼과 여러 기능을 수행하는 도구들, 새로운 용어들을 배워 가면서 설명한다는 것이 생각보다 쉽지 않았다.

앞으로 남녀노소 누구에게나 필요한 새로운 형태의 평생교육 시스템을 정부가 만들어 가겠지만, 무엇보다 일단 스스로 시작해 보고 자주 쓰면서 차츰 나에게 필요한 인공지능 활용법을 익히는 것이 중요하다.

몇 달 전, ChatGPT에 익숙한 수강생 한 명이 자신의 사진을 업로드한 후, 대화창에 지브리풍으로 바꿔 달라고 입력하여 멋진 만화 형태의 사진을 받는 시범을 보였다. 그리고 다음 시간에는 거의 모든 수강생의 프로필 사진이 지브리형으로 바뀌었는데, AI의 새로운 기능

3장

AI 혁명 vs AGE 혁명

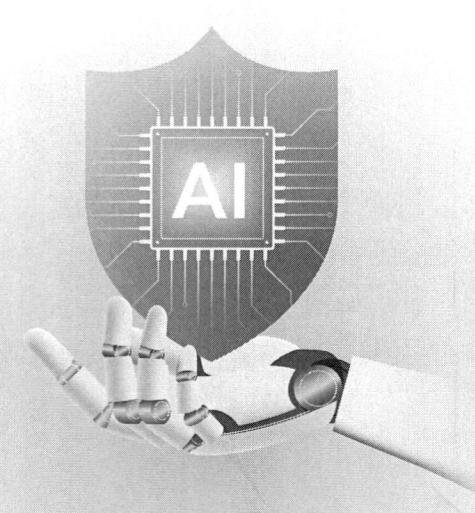

들을 사용하는 것이 일상화되었다는 사실을 실감할 수 있었다.

지금까지 인간이 컴퓨터와 대화를 하기 위해서는 컴퓨터가 알아듣는 전문 언어를 배운 기술자들이 만든 프로그램을 통해서 가능했지만, 이제 컴퓨터가 인간의 언어로 직접 대화할 수 있으니, 정부나 기업은 물론 개인들도 수시로 모든 영역에서 활용할 수 있다.

더구나 인공지능은 엄청난 데이터를 분석하여 가장 객관적이고 합리적인 답을 주기 때문에 누구나 납득할 만한 결과를 얻을 수 있다.

이 장에서는 주로 그때 배운 주요 내용을 정리하고 강의하면서 주고받은 질의응답을 정리하였다.

지금 우리는 두 가지 혁명의 시대를 살고 있다. 하나는 AI 혁명이고, 다른 하나는 수명 연장에 따른 AGE 혁명이다. 이 두 혁명이 만나는 지점에서 우리의 삶, 특히 중장년층의 미래가 완전히 새롭게 그려지고 있다.

인간의 수명이 증가하면서 우리 삶의 구조가 근본적으로 바뀌고 있는 것이다. 1960년대만 해도 평균 수명이 60세 정도였다. 그때는 인생 전반전이 약 50년, 후반전이 겨우 10년 정도였다. 하지만 이제는 완전히 달라졌다. 2030년대에는 평균 수명이 120세에 이를 것으로 예측된다. 이렇게 되면 인생 전반전 50~60년, 후반전이 무려 60년에 달하는 '인생 후반전이 더 긴' 시대가 오는 것이다.

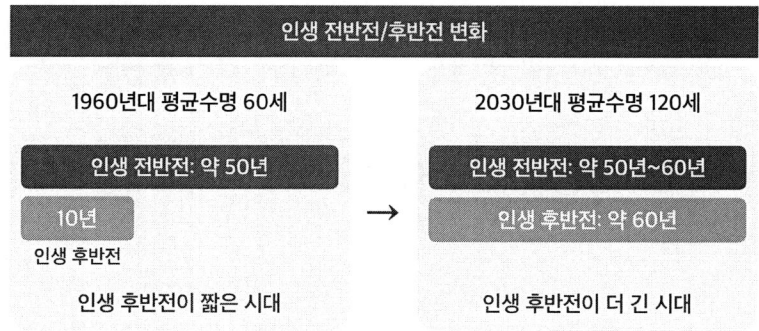

이런 변화는 단순히 오래 산다는 의미를 넘어서, 우리의 삶 전체를 재구성해야 한다는 것을 의미한다. 교육, 일, 은퇴, 여가 등 모든 영역에서 새로운 접근이 필요해진다. 특히 은퇴 이후의 삶이 30~40년 이상 지속될 수 있다는 것은 '은퇴'라는 개념 자체를 다시 생각해 봐야 한다는 뜻이기도 하다. 실제로 이미 은퇴라는 용어 대신 '인생의 새로운 장(New Chapter)'이나 '제2의 커리어(Second Career)'와 같은 표현을 보편적으로 사용하기 시작했다.

AI 기술의 발전은 우리 사회의 모든 영역을 재편하고 있다. 특히 인간의 노동과 기계의 노동 사이의 경계가 재정의되고 있으며, 인간만의 고유한 가치와 역할이 무엇인지에 대한 근본적인 질문을 던지고 있다. 이런 변화는 위협일 수도 있지만, 새로운 기회가 될 수도 있다. 특히 중장년층과 노년층에게는 AI가 신체적 제약을 극복하고 더 오랫동안 사회에 이바지할 수 있는 도구가 될 수 있다.

기후 위기라는 또 다른 도전도 우리 앞에 놓여 있다. 지속 가능한 삶을 위해서는 자원 활용 방식과 생활 양식의 변화가 불가피하며, 이 과정에서 AI 기술은 중요한 해결책이 될 수 있다. 스마트 에너지 관리, 효율적인 자원 활용, 친환경 생활 지원 등 AI를 통해 더 지속 가능한 노년의 삶을 설계할 수 있게 된다.

수명 연장의 현실을 반영해 UN에서는 2030년대를 대비한 새로운 나이 분류를 제시하고 있다. 놀랍게도 이제 65세는 중년의 시작에 불과하다. 예전에는 60세에 정년퇴직하면 곧 인생이 마무리되는 시기라고 생각했지만, 지금은 완전히 다른 이야기다. 65세에 제2의 인생을 시작해서 20~30년 이상 활동할 수 있는 시대가 온 것이다. 이 긴 '제2의 인생'을 어떻게 준비하고 즐길 것인가가 우리에게 주어진 새로운 과제다.

특히 현재 50~60대인 사람들은 이전 세대보다 훨씬 건강하고, 디지털 기기 활용에도 익숙한 편이다. '액티브 시니어'라는 말이 새롭게 등장한 것처럼, 이들은 단순히 노년을 맞이하는 것이 아니라 새로운 도전과 경험을 찾고 있다. 세계보건기구(WHO)의 연구에 따르면, 현재 65세의 건강 상태는 30년 전의 55세와 비슷한 수준이라고 한다. 즉, 생물학적으로 10년 이상 젊어진 것이다.

이런 변화는 사회 전체의 구조와 서비스, 일자리 등 모든 영역에 영향을 미치고 있다. 예를 들어 미국, 일본, 독일 등의 선진국에서는 이미 '앙코르 커리어(Encore Career)'라는 개념이 보편화되고 있다. 이는 주된 직업에서 은퇴한 후에 시작하는 새로운 경력을 의미하며, 보통 사회적 가치와 개인적 의미를 동시에 추구하는 일을 선택하는 경향이 있다.

옥스퍼드대학교의 린다 그래튼 교수는 그의 저서 『100세 시대(The 100-Year Life)』에서 '멀티 스테이지 라이프(Multi-stage Life)'라는 개념을 제시했다. 전통적인 3단계 인생(교육-일-은퇴)에서 벗어나, 다양한 단계가 중첩되고 반복되는 새로운 인생 모델이 필요하다는 것이다. 이런 관점에서 65세 이상의 '제2의 인생'은 단순한 여가 시간이 아니라, 새로운 학습과 일, 사회적 기여가 복합적으로 이루어지는 시기로 재정의될 필요가 있다.

나이	구분	특징과 의미
0~17세	미성년자	교육과 성장의 시기
18~65세	청년	사회 진출과 경력 구축 시기
65~79세	중년	제2의 인생 시작, 경험 활용 시기
80~99세	노년	지혜 공유와 삶의 정리 시기
100세 이상	장수노인	새로운 삶의 모델 창출 시기

AI 기술의 발전은 노동 시장에 근본적인 변화를 불러오고 있다. 이런 변화는 단순히 일자리가 사라진다는 의미가 아니다. 일의 성격과 인간의 역할이 근본적으로 변화한다는 뜻이다. 문제는 이 새로운 일자리가 기존과는 완전히 다른 역량을 요구한다는 점이다.

그렇다면 AI 시대에 인간은 어떤 역할을 해야 할까? 가장 주목할 점은 인간만의 고유한 강점인 감성의 가치가 더욱 중요해진다는 것이다. 20세기까지는 이성과 감성이 모두 인간의 영역이었지만, 21세기에는 이성적 판단과 논리적 사고의 많은 부분을 AI가 대체하게 된다. 반면 공감 능력, 창의성, 윤리적 판단, 복잡한 인간관계 형성 등 감성적 영역은 여전히 인간만의 강점으로 남게 될 것이다.

맥킨지 글로벌 연구소의 보고서에 따르면, 2030년까지 약 800만 개의 일자리가 자동화로 대체될 수 있지만, 동시에 새로운 형태의 일자리 900만 개 이상이 창출될 것으로 예측된다. 특히 인간 중심 서비스, 창의적 영역, AI와 인간의 협업 분야에서 새로운 기회가 생길 것이다.

하버드 비즈니스 스쿨의 연구에 따르면, AI 시대에 가장 가치 있는 직업은 다음과 같은 특성을 가질 것으로 예상된다.

- 깊은 인간관계가 필요한 일(상담, 코칭, 교육 등)
- 창의적 문제 해결이 필요한 일(디자인, 예술, 혁신적 비즈니스 모델 개발 등)
- 윤리적 판단이 중요한 일(의료 의사 결정, 사회 서비스 등)
- AI와의 효과적인 협업이 가능한 일 (AI 시스템 설계, AI 결과물 평가 및 개선 등)

이런 변화 속에서 중장년층에게는 오히려 새로운 기회가 열릴 수 있다. 수십 년간 쌓아 온 경험과 지혜, 대인 관계 능력은 AI가 쉽게 대체할 수 없는 자산이기 때문이다. 스탠퍼드대학교의 '장수 경제 센터(Center on Longevity)'의 연구에 따르면, 50세 이상 근로자들은 문제 해결 능력, 판단력, 사회적 지능 등에서 젊은 세대보다 더 뛰어난 역량을 갖추고 있는 경우가 많다고 한다.

또한 나이가 들면서 발달하는 결정화된 지능은 경험과 지식에 기반한 문제 해결 능력으로, AI 시대에 더욱 가치를 인정받을 가능성이 높다. 반면 새로운 정보를 빠르게 처리하는 유동적 지능은 AI가 잘하는 영역이다. 이런 강점을 활용하면서 AI 도구를 효과적으로 사용하는 방법을 배운다면, 은퇴 이후에도 다양한 영역에서 가치를 창출할 수 있을 것이다.

일본 도쿄대학교의 '고령사회 종합연구소'의 연구에 따르면, 65세 이상 인구의 약 40%가 75세까지 일하기를 원하며, 25%는 80세 이상까지 일하고 싶다고 응답했다. 이는 단순히 경제적 이유만이 아니라 사회적 연결과 자아실현의 욕구에서 비롯된 것이다. AI 기술은 이런 욕구를 충족시키는 데 중요한 역할을 할 수 있다. 신체적 제약을 극복하고, 원격으로 일할 수 있게 해 주며, 복잡한 업무를 더 쉽게 처리할 수 있도록 도와주기 때문이다.

AI 시대와 장수 시대가 만나는 지금, '평생 학습'과 '셀프 학습'은 선택이 아니라 필수가 되었다. 'AI 기반 평생 학습, 셀프 학습 시대'라는 말이 이제는 현실이 된 것이다. 특히 은퇴자나 은퇴 예정자에게 이런 변화는 위기이자 기회다.

MIT의 '에이지랩(AgeLab)'은 평생 학습을 기대 수명이 아닌 기대 능력을 늘리는 핵심 요소로 정의했다. 단순히 오래 사는 것이 아니라, 오랫동안 능력을 유지하며 사회에 기여할 수 있어야 진정한 장수의 가치가 있다는 것이다. 이를 위해서는 지속적인 학습과 새로운 기술 습득이 필수적이다.

하버드대학교의 연구에 따르면, 평생 학습에 참여하는 노년층은 인지 기능 저하 속도가 75%까지 감소하고, 전반적인 삶의 만족도가 높아지는 것으로 나타났다. 또한 일본 도쿄대학교의 연구에서는 65세 이후에도 새로운 기술을 배우는 사람들이 그렇지 않은 사람들보다 평균 3~5년 더 오래 살고, 더 건강한 노년을 보내는 것으로 확인됐다.

디지털 리터러시를 키우는 것은 특히 중요하다. 기본적인 AI 도구 사용법, 온라인 보안, 정보 검색과 평가 능력 등은 현대 사회에서 필수적인 기술이 되었다. 다행히 요즘은 시니어를 위한 디지털 교육 프로그램이 많이 생기고 있다. 도서관, 복지관, 평생교육센터 등에서 제공하는 프로그램에 참여하거나, 손자녀에게 배우는 것도 좋은 방법이다.

핀란드의 '디지털 시니어' 프로그램은 좋은 사례다. 이 프로그램은 65세 이상 노인들에게 디지털 기기 사용법부터 AI 도구 활용, 온라인 안전까지 체계적으로 교육한다. 그 결과, 참여자들의 90% 이상이 디지털 도구를 일상생활에 활용하게 되었고, 사회적 연결감과 독립성이 크게 향상되었다고 한다.

미국의 'OASIS Connections'라는 프로그램은 중장년층에게 디지털 기술을 가르치는 동시에, 이들이 다시 다른 시니어들의 디지털 멘토가 되도록 장려한다. 이런 '디지털 시니어 멘토링' 모델은 세대 내 지식 공유를 촉진하고 참여자들에게 새로운 사회적 역할을 제공한다.

노인 인구 1천만 시대에 진입한 한국은 급속한 초고령화를 겪고 있다. 하지만 시니어를 위한 인프라는 현저히 부족한 상황이다.

이런 상황은 역설적으로 시니어 관련 시장에서 엄청난 기회가 열린다는 의미이기도 하다. 삼성증권의 보고서에 따르면, 특히 미래 시니어 시장의 주축이 될 엔트리 시니어(현재 5060 세대)는 2030 세대 못지않은 소비 지출과 높은 1인 가구 비중을 보인다. 이들은 디지털 기기 사용에도 익숙하고, 적극적인 소비 성향을 가지고 있다.

일본의 사례를 보면, 시니어 시장이 어떻게 발전할지 예측할 수 있다. 일본은 한국보다 10년 앞서 시니어 시장이 발달했는데, 132만 명의 노인이 자기부담형 시니어하우징에 거주하고 있고, 방문 요양 비중이 늘고 있다. 또한 민간기업의 참여로 서비스 질이 향상되고, 비용은 오히려 감소하는 효과를 보인다.

우리나라도 시니어 산업이 단순한 복지 개념에서 벗어나 수익모델로 전환하는 분기점에 있다. 특히 AI와 디지털 기술이 결합한 서비스는 더 맞춤화되고, 효율적인 시니어 케어를 가능하게 할 것이다. 이런 변화는 시니어들에게 더 나은 서비스를 제공할 뿐 아니라 은퇴자들에게 새로운 일자리와 창업 기회를 제공할 수도 있다.

AI 기술은 시니어들의 일상생활을 여러 면에서 변화시키고 있다. 단순히 편리함을 넘어 건강, 안전, 사회적 연결, 자기 계발 등 다양한 영역에서 삶의 질을 높이는 데 기여하고 있다. 이런 기술들은 나이가 들면서 겪게 되는 여러 제약을 극복하고, 더 오랫동안 독립적이고 풍요로운 삶을 살 수 있게 도와준다.

건강 관리 영역에서 AI는 건강 데이터 분석, 맞춤형 운동·식단 추천, 약물 복용 관리, 원격 모니터링 등에 활용된다. 이를 통해 만성질환 관리, 건강 스명 연장, 의료비 절감, 응급 상황 신속 대응 등의 효과를 얻을 수 있다. 애플 워치의 낙상 감지 기능, 필립스 약물 알림 시스템, 국내 여러 건강 관리 앱이 대표적인 사례다.

재무 계획 면에서는 은퇴 자금 시뮬레이션, 투자 포트폴리오 최적화, 지출 패턴 분석, 세금 최적화 등에 AI가 활용된다. 이를 통해 경제적 안정성 확보, 자산 수명 연장, 노후 불안 감소, 자산 배분 최적화 등의 효과를 기대할 수 있다.

취미 활동에서는 개인 맞춤형 학습 콘텐츠, 창작 도구, 가상 여행 경험, 게임과 퍼즐 등에 AI 기술이 활용된다. 이를 통해 자기실현과 삶의 만족도 향상, 인지 기능 유지, 새로운 기술 습득, 창의성 발휘 등의 효과를 얻을 수 있다.

오래전 글을 쓰고 스스로 편집, 출판까지 하는 교육 과정에 참여한 적이 있다. 이때 15명 정도가 함께했는데, 몇 주간의 교육이 끝날 때 대부분이 책을 완성하고 작가가 될 수 있다는 꿈에 부풀어 즐거워하던 모습이 기억난다.

누구나 자기만의 창작물을 만들고 싶은 욕망이 있는 것이다.

사회 활동 측면에서는 커뮤니티 연결, 봉사 활동 매칭, 화상 통화 지원, 소셜 미디어 활용 도우미 등에 AI가 활용된다. 이를 통해 사회적 고립 방지, 소속감 증진, 세대 간 연결, 지식과 경험 공유 등의 효과를 기대할 수 있다. 카카오톡의 실버 특화 서비스, 미국의 'Papa' 앱(젊은 도우미와 시니어 연결), 일본의 'Elder' 사회 활동 매칭 플랫폼 등이 대표적이다.

안전과 독립적 생활면에서는 스마트홈 시스템, 음성 인식 비서, 배달 서비스 연결, 활동 모니터링 등에 AI가 활용된다. 이를 통해 독립적 생활 유지, 안전사고 예방, 일상 업무 간소화, 가족의 부담 감소 등의 효과를 얻을 수 있다. 아마존 알렉사의 시니어 케어 기능, 삼성 스마트싱스 홈 시스템, LG전자의 스마트홈 솔루션 등이 대표적인 사례다.

AI 시대에는 일하는 방식도 달라진다. 생활의 균형을 챙기며 일하거나, 여러 직업을 병행하는 포트폴리오 또는 N잡러로 일하는 방식이 늘어난다.

특히 N잡러 형태의 일은 은퇴자들에게 좋은 대안이 될 수 있다. 시간제 유튜버, 디지털 라벨러(AI 학습 데이터 분류 작업), 영상 편집자, 온라인 튜터 등 자신의 경험과 지식을 활용하면서도 유연하게 일할 수 있는 형태가 많다. 인공지능 교육을 수강하는 많은 사람들이 부업 형태로 재택 라벨링 작업을 쏠쏠히 해 왔는데, 최근 몇 년간은 일감이 많이 줄었다고 한다. 정부 지원 R&D 예산이 삭감된 탓일 것이다.

일본의 경우, 65세 이상 시니어의 약 30%가 이런 다중 직업 형태로 일하고 있다고 한다. 주당 10~15시간 정도 일하며, 소득과 사회적 연결, 자아실현을 동시에 추구하는 방식이다.

인공지능 시대와 100세 시대는 위기가 아닌 기회다. 우리는 더 오래, 더 건강하게 살면서 AI와 함께 새로운 일과 취미, 삶의 방식을 발견할 수 있다.

"AI가 당신을 대체하지 않을 것이다. AI를 사용하는 사람이 당신을 대체할 것이다."

이 말은 결국 AI가 도구라는 것 그리고 이 도구를 얼마나 잘 활용하느냐가 중요하다는 것을 의미한다. 특히 은퇴자와 은퇴 예정자들에게 AI는 신체적 한계를 넘어서고, 새로운 기회를 창출하며, 더 충만한 노년의 삶을 살 수 있게 해 주는 든든한 동반자가 될 수 있다.

AI 혁명의
시대

2016년 3월, 구글의 알파고가 세계 바둑 챔피언 이세돌 9단을 4 대 1로 이긴 그 순간을 기억한다. 전 세계가 충격에 빠졌고, 많은 사람들이 AI 시대가 오고 있다는 사실을 실감했다.

그로부터 6년 후인 2022년 11월, OpenAI의 ChatGPT가 출시되어 5일 만에 100만 명이 사용하는 기록을 세우며 또 한 번 세상을 놀라게 했다.

ChatGPT의 등장 이후, 인공지능 기술은 예상보다 훨씬 빠른 속도로 발전하고 있으며, 인공지능은 우리 일상에 빠르게 스며들었다.

스마트폰의 음성 비서부터 자동 번역, 온라인 쇼핑 추천 시스템까지 우리는 이미 다양한 형태의 AI와 함께 살고 있다.

전문가들은 반도체 성능이 2년마다 2배 증가한다는 '무어의 법칙'보다 훨씬 빠르며, 최근 10년간 AI 성능은 약 3~4개월마다 두 배씩 증가하여 무어의 법칙을 능가하는 기하급수적 성장을 보여 준다고 평가한다. 이미 이미지 분류, 영어 이해력 등 일부 분야에서는 AI가 인간의 능력을 뛰어넘었다.

현재 AI 기술은 단일 영역의 지능에서 복합적인 지능으로 발전하고 있다. 초기에는 단순히 이미지를 인식하거나 언어를 분석하는 정도였다면, 이제는 다양한 정보를 종합적으로 분석하고 창의적인 콘텐츠를 생성할 수 있는 초거대 인공지능으로 발전하였다.

대표적인 예가 OpenAI의 GPT-4, 구글의 Gemini, 앤트로픽의 Claude 같은 초거대 언어 모델이다. 이런 AI 모델들은 수조 개의 매개변수를 가지고 있으며, 방대한 데이터를 학습하여 인간과 유사한 대화 능력을 보여 준다.

이처럼 AI는 더 이상 공상과학 영화 속 이야기가 아니라 우리 일상 깊숙이 들어온 현실이다. 스마트폰의 음성 인식부터 넷플릭스의 영화 추천, 은행 앱의 간편 서비스까지, 우리는 이미 매일 AI와 함께 살아가고 있다.

AI의 발전 과정

- **1950년대: AI의 개념 탄생**

AI의 역사는 1950년 영국의 수학자 앨런 튜링이 "기계가 생각할 수 있을까?"라는 질문을 던진 것에서 시작된다. 그가 제시한 '튜링 테스트'는 기계가 인간처럼 사고하고 대화할 수 있는지를 판단하는 기준이 되었다. 1956년에는 '인공지능(Artificial Intelligence)'이라는 용어가 공식적으로 탄생했다.

- **1960~1980년대: 초기 AI 연구의 부침**

이 시기 AI 연구는 주로 국방부의 지원을 받으며 발전했다. LISP, PROLOG 같은 프로그래밍 언어가 개발되었고, 의료 분야의 전문가 시스템인 마이신(Mycin) 같은 초기 성공 사례들이 나타났다. 하지만 기대했던 만큼의 성과를 내지 못해 'AI 겨울'이라 불리는 침체기도 겪었다.

- **1990~2000년대: 딥러닝의 등장**

1990년대 후반부터 '컴퓨팅 창의성' 분야가 등장하며 컴퓨터가 시를 쓰고 음악을 작곡하는 연구가 시작되었다. 2000년대 초에는 마르코프 체인, 신경망 같은 생성형 모델 연구가 본격화되었다.

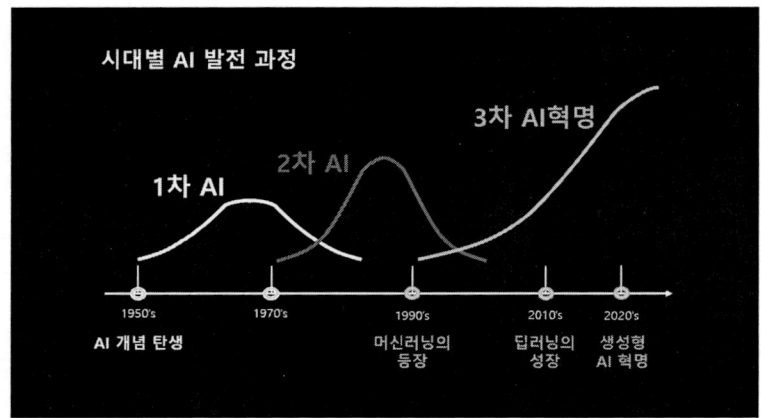

- **2010년대: AI의 대중화 시작**

2012년 딥러닝 기술이 이미지넷 대회에서 획기적인 성과를 보이며 AI 발전이 가속화되었다. 2016년 알파고의 승리는 AI 기술의 실질적 가능성을 전 세계에 알리는 역사적 사건이 되었다.

- **2020년대: 생성형 AI의 폭발적 성장**

2022년 ChatGPT 출시로 생성형 AI 시대가 본격 개막되었다. 불과 2개월 만에 1억 명이 사용하는 기록을 세우며, AI가 단순한 도구를 넘어 창작과 소통의 파트너로 자리 잡기 시작했다.

알파고는 단순한 계산이 아닌 직관과 창의성이 필요한 바둑에서 인간 챔피언을 이겼다. 이는 AI가 인간만의 영역이라 여겨졌던 복잡한 전략적 사고도 해낼 수 있음을 증명했다. 알파고는 강화학습과 몬테카를로 트리 탐색을 결합한 혁신적 기술로 AI 연구의 새로운 지평을 열었다.

ChatGPT는 알파고와는 차원이 다른 혁명을 일으켰다. 바둑이라는 특정 영역에 극한되었던 알파고와 달리, ChatGPT는 일반인 누구나 자연어로 대화하며 다양한 업무를 처리할 수 있게 해 주었다.

ChatGPT의 주요 특징들:
- 자연스러운 대화가 가능한 언어 이해 능력
- 글쓰기, 번역, 요약, 코딩 등 다양한 작업 수행

- 사용자 친화적인 인터페이스
- 지속적인 학습과 개선

인공지능은 이제 단순한 기술을 넘어 다양한 분야에서 혁신을 이끌고 있다.

2025년 현재, 생성형 AI는 우리 생활 속의 도구가 되었다. 글로벌 데이터 조사업체 IDC에 따르면, 2024년 생성형 AI 시장 규모는 401억 달러에서 2027년 1,511억 달러로 연평균 성장률 29.2%의 폭발적 성장이 예상된다.

번역 서비스, 음성 비서, 콘텐츠 추천 시스템 등 일상에서 접하는 다양한 서비스가 AI 기술을 활용하고 있다. 네이버 지도, 카카오맵의 길 찾기 서비스에도 AI가 핵심 역할을 한다. 실시간 교통 상황을 분석해 가장 빠른 경로를 계산하고, 돌발 상황에 맞춰 경로를 재조정하는 것도 AI 기술이다.

넷플릭스의 영화 추천, 유튜브의 동영상 추천, 온라인 쇼핑몰의 상품 추천 등도 모두 AI가 개인의 취향을 분석해서 제공하는 서비스다. 사용자가 보고 구매한 이력을 학습해서 점점 더 정확한 추천을 하게 된다.

요즘 은행 앱들이 점점 편리해지는 것도 AI 덕분이다. 사기 거래 탐지, 맞춤형 금융 상품 추천, 간편한 송금 서비스 등에 AI가 활용되고 있다.

AI는 의료 영상 판독, 질병 진단, 신약 개발 등에서 뛰어난 성과를 보인다.

CT, MRI 영상을 분석해 암을 조기 발견 하거나, 약물 개발 시간을 단축하는 데 활용되고 있다. 일부 병원에서는 AI가 의사의 진단을 보조하는 역할도 하고 있다. 알파폴드(AlphaFold)는 단백질 구조 예측 시간을 10년에서 30분으로 단축시켰다.

개인 맞춤형 학습 프로그램, AI 튜터링 시스템 등이 학생들의 학습 효율을 높이고 있다. AI 기반 학습 코칭을 받은 학생들은 그렇지 않은 학생들보다 평균 10.5점 높은 성취도를 보였다. 수학 문제를 사진으로 찍기만 해도 풀이 과정과 정답을 알려 주는 AI 서비스들이 등장했다.

산업 현장에서는 제조 공정 최적화, 품질 관리, 예측 유지 보수 등에 AI를 활용해 생산성과 효율성을 높이고 있다.

최신 AI는 텍스트뿐만 아니라 이미지, 음성, 영상까지 동시에 처리할 수 있는 멀티모달 능력을 갖추고 있다. 이에 따라 AI와의 상호 작용이 더욱 자연스럽고 직관적이게 되었다. 또한 인터넷 연결 없이도 스마트폰이나 개인 기기에서 직접 AI가 작동하는 '온디바이스 AI'가 확산할 전망이다. 이는 더 빠른 반응 속도와 개인 정보 보호 측면에서 큰 장점을 제공한다.

현재 가장 주목받는 트랜드는 'AI 에이전트'다. 이는 단순히 질문에 답하는 것을 넘어, 복잡한 업무를 스스로 계획하고 실행할 수 있는 AI를 말한다. 예를 들어, "가족여행 계획을 세워 줘"라고 하면 일정 조율, 예약, 루트 최적화까지 모두 처리해 주는 것이다.

우리는 인공지능 발전의 결정적 순간을 살고 있다. 현재 생성형 AI는 일상의 도구가 되었고, 앞으로의 인공지능은 단순한 기술을 넘어 사회 전체의 모습을 재편할 것이다. 이는 점진적 변화가 아닌 급격한 도약이다.

현재 텍스트 중심의 대규모 언어 모델에서 멀티모달 AI로의 전환이 가속화되고 있다. 텍스트, 이미지, 영상, 오디오를 동시에 처리하는 대규모 멀티모달 모델(LMM)은 2024년을 기점으로 본격 확산되었다. 이는 AI가 인간의 감각을 더욱 정교하게 모방할 수 있음을 의미한다.

더 주목할 점은 대규모 액션 모델(LAM)의 등장이다. 단순히 정보를 처리하는 것을 넘어 실제 행동을 취하는 AI가 현실화되고 있다. 컴퓨터 화면을 조작하고, 앱을 실행하며, 복잡한 업무 프로세스를 자동화하는 AI는 곧 표준이 될 것이다.

범용인공지능(AGI) 실현을 둘러싼 전문가들의 예측이 놀랍도록 일치하고 있다. 젠슨 황은 5년 내, 일론 머스크는 2~3년 내, 샘 알트먼은 4~5년 내 AGI가 가능하다고 전망했다. 이들의 예측이 현실화된다면, 2030년 전후 우리는 인간과 동등하거나 그 이상의 지능을 가진 AI와 함께 살게 된다. 이는 인류 역사상 가장 큰 변화 중 하나가 될 것이다.

AI가 단순 반복 업무를 대체하면서 일자리 구조가 크게 바뀔 것이다. 하지만 이는 일자리가 사라지는 것이 아니라 더 창의적이고 가치 있는 일에 인간이 집중할 수 있게 되는 기회이기도 하다.

AI가 개인의 취향, 건강 상태, 생활 패턴을 종합적으로 분석해서 완전히 개인화된 서비스를 제공하는 시대가 올 것이다. 의료, 교육, 엔터테인먼트 모든 분야에서 '나만을 위한 서비스'를 받게 될 것이다.

대부분의 도시 전체는 AI로 연결되어 교통, 에너지, 환경, 안전 등이 실시간으로 최적화되는 스마트 시티가 현실화될 것이다. 현재 AI 발전의 주요 제약 요소들이 5년 내 해결될 것으로 보인다. 자율 주행차도 상용화 완성 단계에 이른다. 단순한 개별 차량의 자율 주행을 넘어 도시 전체의 교통 시스템이 하나의 AI 네트워크로 연결된다.

에너지 소비 문제는 효율적인 알고리즘과 저전력 AI 칩 개발로 개선된다. 무엇보다 자기 학습 능력의 향상으로 적은 데이터로도 높은 성능을 달성하는 AI가 등장한다.

인공지능으로 인한 일자리 변화는 대체가 아닌 재편의 형태로 나타난다. 단순 반복 업무는 감소하지만, AI 관련 새로운 직종이 대량 창출된다.

기존 직업도 AI와의 협업 방식으로 진화한다. 의사는 AI 진단 보조 시스템과 협력하고, 교사는 AI 튜터와 함께 개인 맞춤형 교육을 제공한다. 완전한 대체보다는 역할 분담과 협업이 주된 변화 양상이다.

AI 기술 패권을 둘러싼 국가 간 경쟁이 치열해질 것이다. 각국은 자국의 AI 생태계 구축을 위해 막대한 투자를 지속한다. 반도체, 데이터, 인재 확보를 둘러싼 경쟁이 격화된다. AI 기술의 국가 안보적 중요성이 커지면서, 기술 이전 제한과 공급망 재편이 가속화된다. 국가별 AI 거버넌스 체계 구축도 시급한 과제가 된다.

인공지능의 급속한 발전에는 몇 가지 중요한 도전 과제가 있다.

초거대 AI 모델을 학습시키기 위해서는 엄청난 컴퓨팅 자원과 전력이 필요하다. 이런 높은 비용은 소수의 대형 기업만이 최첨단 AI를 개발할 수 있는 장벽이 되고 있다.

AI 모델은 학습 데이터에 내재한 편향성을 그대로 반영할 수 있다. 이는 인종, 성별 등에 관한 차별적인 결과물을 만들어 내는 원인이 된다. 또한 AI가 생성한 내용이 부정확하거나 허위인 '환각 현상'도 중요한 신뢰성 문제다.

AI 기술의 발전 속도에 비해 법적·윤리적 규제는 아직 미비한 상태다. 개인 정보 보호, 저작권 문제, AI 결정에 대한 책임 소재 등 많은 법적 쟁점이 명확히 해결되지 않았다.

AGI에 가까워질수록 AI의 권한과 책임 문제가 심각해진다. 자율적 의사 결정을 하는 AI의 결과에 대한 책임 소재를 명확히 해야 한다. 인간의 개입 없는 윤리적 판단이 가능한 AI가 등장할 때, 우리는 새로운 윤리 체계를 구축해야 한다.

AI의 편향성과 공정성 문제도 더욱 중요해진다. 사회 전반에 깊숙이 침투한 AI가 편향된 결정을 내린다면, 그 영향은 개인을 넘어 사회 전체에 미친다. 투명하고 설명 가능한 AI 개발이 필수가 된다.

이러한 변화에 대비하려면 기술 발전만큼 사회적 준비가 중요하다.

교육 시스템 개편, 윤리적 가이드라인 수립, 일자리 정책 개선이 시급하다. 무엇보다 AI와 협업할 수 있는 인간의 역량 개발이 핵심이다.

AI와 빅데이터

우리는 이미 일상의 많은 서비스에 AI를 활용하는 인공지능 시대에 살고 있다. 인간이 학습이나 경험을 통하여 지식을 쌓아 나가듯, AI도 많은 정보를 분석하며 배움으로써 역량을 키운다.

빅데이터와 AI는 '책'과 그 책을 읽고 이해하며 지식을 쌓는 '독자'에 비유할 수 있다.

책이 많을수록 더 많은 지식을 얻듯이, 데이터가 많을수록 AI는 더 정확하고 유용한 결과를 제공한다.

예를 들어, 내비게이션은 많은 운전자의 주행 데이터(빅데이터)를 수집하고, AI가 이를 분석해 가장 빠른 경로를 추천한다. 더 많은 데이터가 쌓일수록 추천 정확도는 높아진다.

빅데이터는 엄청난 양의 다양한 정보다. 인터넷 사용, 스마트폰 사진 촬영, 카드 결제할 때마다 데이터가 생성된다. 이렇게 모인 방대한 정보가 빅데이터다.

빅데이터의 폭발적인 성장은 데이터 생성량의 증가, 컴퓨터 기술의 발전 그리고 방대한 데이터를 분석할 수 있게 하는 AI 기술의 진화와 밀접하게 연결되어 있다.

인터넷 시대가 열리며 정형·비정형 데이터들이 방대한 양으로 발생하며 정보화 시대를 맞았고, 스마트폰의 확산은 '빅데이터'라는 용어를 만들었다.

또한 컴퓨터 성능의 증대, 데이터 저장 장치의 비용 감소, 정보를 저장하고 관리하는 클라우드 기술의 확산 등도 큰 요인이 되었다.

데이터는 '21세기 원유'라고도 불리며, 이를 활용한 구글, 넷플릭스 등과 같은 새로운 비즈니스 모델을 만들어 가고 있다.

컴퓨터와 데이터의 역사

메인프레임 컴퓨터 시대 (1970~1990년대 후반)

이 시기 컴퓨터는 방 한 칸을 차지할 정도로 거대했다. 주로 정부나 대기업에서만 사용했고, 제한된 양의 데이터를 처리했다. 일반인은 컴퓨터를 접할 기회가 거의 없었고, 데이터는 주로 종이 문서로 관리됐다.

애플, IBM 등의 회사가 개인용 컴퓨터를 출시하며 컴퓨터가 가정과 사무실로 들어왔다. 사람들은 문서 작성, 게임, 간단한 데이터 관리를 시작했다. 이 시기에 개인 데이터가 디지털화되기 시작했지만, 데이터량은 제한적이었다.

빅데이터 초기 단계(2000년대 초반~2010년대 초반)

인터넷의 보급과 스마트폰의 등장으로 데이터 생성이 급증하기 시작했다. 이때 소셜 미디어(페이스북, X(구 트위터) 등)와 전자상거래(아마존, 이베이 등)가 데이터를 대량으로 생산하는 주요 원천이었다. 2005년 유튜브 출시 이후, 동영상 데이터가 기하급수적으로 증가하며 비정형 데이터의 중요성이 두드러졌다.

빅데이터 성장 단계(2010년대 중반)

IoT 기기(스마트 가전, 웨어러블 디바이스 등)의 확산으로 센서 데이터가 폭발적으로 늘어났다. 클라우드 기술은 이 데이터를 저장하고 처리할 수 있는 인프라를 제공했다.

IDC에 따르면, 2010년 전 세계 데이터 총량은 약 1.2 제타바이트(ZB)였으나, 2015년에는 7.9 ZB로 약 6배 증가했다.

빅데이터 폭발 단계(2010년대 후반~2020년대 초반)

AI 기술의 발전으로 빅데이터가 단순히 저장되는 것을 넘어 실시간 분석과 예측에 활용되기 시작한다. 특히 딥러닝은 이미지, 음성, 텍스트 등 비정형 데이터를 처리하며 데이터 활용의 지평을 넓혔다.

Statista의 데이터에 따르면, 2020년 전 세계 데이터 생성량은 약 64 ZB에 달했으며, 이는 2015년 대비 8배 이상 증가한 수치다.

현재, AI 시대(2020년대 중반)

2025년 현재, AI는 의료, 금융, 제조 등 모든 산업에서 데이터를 기반으로 의사 결정을 주도하고 있다. IDC는 2025년 데이터 생성량이 175 ZB에 이를 것으로 예측했으며, 이는 매일 약 463엑사바이트(EB)의 데이터가 생성되는 수준이다.

이 폭발적 증가는 5G 네트워크, 자율 주행차, 스마트 시티 같은 기술의 확산과 맞물려 있다.

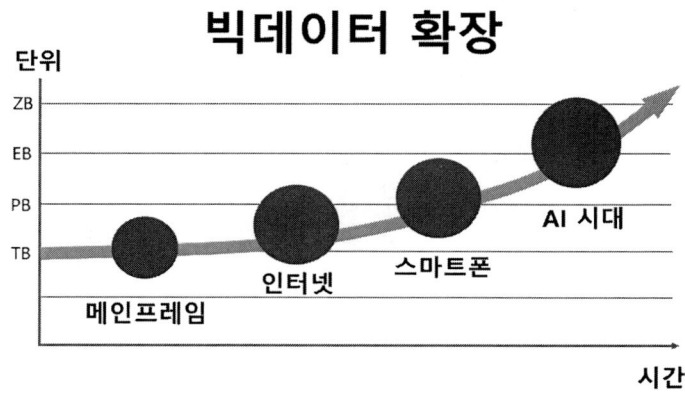

참고

- 메가바이트(MB): 약 1,000킬로바이트(KB). 정확히 1,024배로 단위 변환
- 기가바이트(GB) 〈 테라(TB) 〈 페타(PB) 〈 엑사(EB) 〈 제타(ZB) 〈 요타(YB)

우리 생활 속 AI와 빅데이터의 활용

건강 관리 스마트워치나 건강 앱은 걸음 수, 심박수, 수면 패턴 등의 데이터를 수집한다. AI는 이 데이터로 건강 상태를 모니터링하고, 운동 계획이나 식단 조절 등 맞춤형 조언을 제공한다.

농업: 현대 농업은 토양 센서, 드론, 기상 데이터로 작물 재배 환경을 모니터링한다. AI는 이런 데이터로 최적의 관개 시간, 비료 사용량, 수확 시기를 예측해 생산성을 높인다.

교통: 내비게이션 앱은 많은 차량의 위치 데이터와 과거 교통 패턴을 분석해 실시간 교통 상황을 예측한다. 이로써 가장 빠른 경로를 추천하고, 교통 체증을 줄인다.

의료 분야는 환자의 의료 기록, 검사 결과, 영상 자료를 분석해 질병 진단에 활용한다. 특히 영상 진단(X-ray, MRI 등)에서 AI는 의사가 놓칠 수 있는 작은 이상 징후를 발견한다.

항공권: 항공사들은 빅데이터를 활용해 실시간으로 가격을 조정한다. 특정 노선의 검색량이 급증하면 가격을 올리고, 예약률이 저조하면 가격을 내린다. 심지어 같은 시간에도 사용자의 검색 기록, 위치, 사용 기기(PC vs 모바일)에 따라 다른 가격을 제시하기도 한다. 한 연구에 따르면 항공권 가격은 하루에도 수십 번 변동될 수 있으며, 화요일이나 수요일에 항공권을 검색할 때 더 저렴한 가격을 찾을 확률이 높다고 한다.

AI 비서는 일정 관리, 정보 검색뿐 아니라 복잡한 업무까지 돕게 된다. 스마트홈은 생활 패턴을 학습해 자동으로 온도, 조명, 가전제품을 조절한다.

개인의 유전 정보, 생활 습관, 건강 데이터를 분석해 질병 위험을 예측하고, 맞춤형 예방책을 제안하는 시대가 온다. 이는 만성 질환 관리와 예방 의학에 큰 변화를 불러온다.

에너지 사용 패턴, 기상 데이터, 자원 소비량을 분석해 효율적인 자원 배분과 환경 보호에 기여한다. 예를 들어, 스마트 그리드는 전력 소비 패턴을 분석해 에너지 낭비를 줄인다.

월마트 같은 대형 슈퍼마켓은 빅데이터 분석으로 상품 배치를 최적화한다. 예를 들어, 데이터 분석 결과 맥주와 기저귀가 함께 구매되는 경향이 높다는 사실이 발견됐다. 이유는 아이가 있는 아빠들이 퇴근길에 기저귀와 함께 맥주를 사는 패턴 때문이었다. 이런 발견으로 두 제품을 가까이 배치해 매출이 증가했다. 또한 고객의 동선을 분석해 우유나 빵 같은 필수품을 매장 깊숙이 배치하는 전략도 데이터 분석의 결과다.

데이터가 만든 넷플릭스 히트작은 사용자의 시청 기록, 검색 패턴, 시청 시간대, 좋아요 표시 등 다양한 데이터를 분석해 개인 맞춤형 콘텐츠를 추천한다. 이 데이터는 단순히 추천뿐 아니라 새로운 콘텐츠 제작에도 활용된다.

빅데이터는 우리 생활의 모든 분야에 가치 있는 정보를 제공하여 편리함을 주지만, 사생활 침해와 보안의 문제를 우려하는 양면성이 있다. 빅데이터 활용의 핵심은 새로운 사업 모델을 만들어 가면서 개인 정보 보호에 대한 대책이 동반되어야 한다는 것이다.

　AI와 빅데이터는 어렵고 복잡한 기술이 아닌, 삶을 더 편리하고 풍요롭게 만드는 도구다. 이런 기술은 계속 발전하며, 우리 삶에 더 많은 변화를 불러올 것이다. 기술의 본질을 이해하고 현명하게 활용한다면, 이런 변화는 두려움이 아닌 새로운 기회가 될 수 있다.

　인공지능의 미래는 이미 시작되었다. 중요한 것은 변화에 수동적으로 적응하는 것이 아니라, 적극적으로 미래를 설계하는 것이다. 다가올 미래가 기회가 될지 위기가 될지는 바로 지금 우리의 준비에 달려 있다.

AI 시대
디지털 리터러시

디지털 리터러시는 '디지털 기기와 네트워크 기술을 통해 정보를 안전하고 적절하게 접근·관리·이해·통합·소통·평가·창조하여 경제적·사회적 삶에 참여하는 능력'으로 정의된다.

2024년 UNESCO 프레임워크는 여기에 AI 리터러시를 추가했다. AI 리터러시는 '인간이 AI 시스템과 도구를 비판적으로 이해하고, 평가하며 사용하여 점점 더 디지털화되는 세상에서 안전하고 윤리적으로 참여할 수 있게 하는 지식과 기술'을 의미한다.

과거에는 글을 읽고 쓸 줄 아는 능력, 즉 '문해력(Literacy)'이 사회 구성원의 기본 소양이자 생존 조건이었다. 오늘날 우리에게는 새로운 문해력이 필요하다. 바로 디지털 세상의 언어와 문법을 이해하고, 그 속에서 주체적으로 정보를 다룰 줄 아는 능력, 디지털 리터러시다.

이것은 단순히 컴퓨터나 스마트폰을 잘 다루는 기술적 능력을 넘어, 디지털 정보를 비판적으로 이해하고 평가하며, 책임감 있게 생산하고 소통하는 종합적인 역량을 의미한다. 인공지능 시대 디지털 리터러시의 핵심은 데이터 이해력과 미디어 분별력, 그리고 우리를 가두는 확증 편향의 덫에서 벗어날 수 있는 역량이다.

세계경제포럼의 2025년 보고서에 따르면, 향후 5년 내 전 세계 노동력의 40%가 기술 변화를 겪을 것으로 예상된다. 이는 단순히 기술 사용법을 아는 것을 넘어, AI와 협업하고 윤리적으로 판단할 수 있는 능력이 필수가 되었음을 의미한다.

전통적으로 디지털 리터러시는 디지털 기술을 활용하여 정보를 검색·조직·평가 및 생성하는 능력이었다. 그러나 AI 시대의 디지털 리터러시는 한 걸음 더 나아가야 한다. 이제는 AI 시스템이 어떻게 데이터를 학습하고 어떤 원리로 결론을 도출하며, 그 결과물이 어떤 편향을 가질 수 있는지 근본적인 메커니즘을 이해하는 능력이 핵심이다. 즉, 'AI의 사용자'를 넘어 'AI의 비평가'가 되는 능력이다.

이러한 능력은 왜 중요한가?

첫째, 경제적 생존과 직결된다. 세계경제포럼(WEF)은 2025년까지 AI와 자동화로 인해 약 8,500만 개의 일자리가 사라지는 동시에, 9,700만 개의 새로운 일자리가 창출될 것으로 예측했다. 새롭게 생겨나는 직업 대부분은 AI 기술을 이해하고 활용할 줄 아는 역량을 요구한다. AI를 단순한 도구로 사용하는 것을 넘어, AI와 협업하고 AI를 관리하는 능력이 개인의 경제적 가치를 결정하는 시대가 온 것이다.

둘째, 민주주의 사회의 시민으로서 필수적인 소양이다. AI 알고리즘은 우리가 보는 뉴스, 접하는 정보를 결정하며 여론 형성에 막대한 영향을 미친다. 2016년 미국 대선 당시 데이터 분석 기업 '케임브리지 애널리티카'가 페이스북 사용자 데이터를 불법으로 수집하여 유권자 맞춤형 정치 광고에 활용한 사건은 AI가 어떻게 사회적·정치적 무기로 사용될 수 있는지 보여 주는 대표적 사례다. AI가 만든 가짜 뉴스, 딥페이크 콘텐츠가 여과 없이 유통되는 환경에서 진실과 거짓을 분별하는 능력 없이는 건강한 여론 형성과 민주적 의사 결정이 불가능하다.

셋째, 개인의 자율성과 권리를 지키기 위함이다. AI는 우리의 신용 점수를 평가하고, 입사 지원서를 검토하며, 심지어 질병을 예측한다. 만약 AI의 판단 기준이 불투명하거나 특정 집단에 불리한 편향을 담고 있다면, 우리는 부당한 차별을 받으면서도 그 이유조차 알 수 없게 된다. AI의 결정을 맹목적으로 수용하는 것이 아니라, 그 결정의 근거를 묻고 이의를 제기할 수 있는 힘은 디지털 리터러시에서 나온다.

AI 시대의 디지털 리터러시는 기술의 습득이 아닌, 사고방식의 전환에 가깝다. 그것은 정답이 정해진 지식의 암기가 아니라, 끊임없이 질문하고, 의심하고, 탐색하는 능동적인 태도다.

AI가 추천해 준 이 정보는 누구에게 이로운가? 이 AI 모델은 어떤 데이터로 학습되었을까? 그 데이터에 빠진 것은 없는가? AI의 결정으로 인해 소외되는 사람은 없는가? 이 콘텐츠는 나의 감정을 어떻게 자극하고 있는가?

디지털 세상은 편리하고 효율적이지만, 그 이면에는 복잡한 알고리즘과 데이터 그리고 그를 설계한 인간의 의도가 숨어 있다. 디지털 리터러시는 이 보이지 않는 구조를 읽어 내는 힘이며, 기술의 노예가 아닌 주인으로 살아가기 위한 최소한의 조건이다. 질문을 멈추지 않는 것, 그것이 AI 시대를 살아가는 우리 모두에게 주어진 가장 중요한 과제이자 권리다.

미디어 리터러시는 신문, 방송, 책 등 다양한 매체가 전달하는 메시지를 비판적으로 분석하고 평가하며, 자신의 생각을 미디어를 통해 표현하는 능력이다. AI 시대에 디지털 리터러시와 미디어 리터러시는 비판적 사고 능력이라는 공통 기반을 공유한다. 이제 우리가 접하는 미디어 자체가 AI 알고리즘에 의해 편집되고, 심지어 AI에 의해 창조되기 때문이다.

과거에는 기자가 기사를 쓰고 편집장이 게이트키핑을 하는 것이 뉴스 유통의 일반적인 과정이었다. 하지만 지금은 포털 사이트와 소셜 미디어의 알고리즘이 개인의 과거 클릭 이력, 관심사, 친구 관계 등을 분석하여 각기 다른 뉴스 피드를 제공한다. 내가 보는 뉴스와 다른 정치 성향을 가진 친구가 보는 뉴스는 전혀 다를 수 있다. 여기서 미디어 리터러시는 '이 기사는 신뢰할 만한 언론사가 작성했는가?'를 묻는 것을 넘어, '왜 알고리즘은 나에게 이 기사를 보여 주었는가?'

를 질문하는 능력으로 확장되어야 한다.

더 큰 문제는 AI가 콘텐츠의 소비뿐 아니라 생산의 주체로 등장했다는 점이다. 딥페이크 기술은 특정 인물의 얼굴과 목소리를 합성하여 실제로는 하지 않은 말과 행동을 하는 영상을 만들 수 있다. 선거 기간에 특정 후보를 비방하는 딥페이크 영상이 유포된다면 그 파급력은 상상하기 어렵다. 또한 LLM은 특정 매체의 논조를 그대로 흉내 내어 가짜 뉴스 기사를 순식간에 대량으로 생산할 수 있다.

따라서 AI 시대의 미디어 리터러시는 콘텐츠의 내용뿐 아니라 콘텐츠의 출처와 생성 맥락을 파악하는 능력이 결정적으로 중요해진다. 이 이미지는 실제 촬영된 것인가, AI가 생성한 것인가? 이 글은 사람이 쓴 것인가, AI가 쓴 것인가? 이 영상은 조작되지 않았는가? 이러한 질문에 답하기 위해서는 AI 기술의 특성을 이해하는 디지털 리터러시가 반드시 전제되어야 한다.

확증 편향은 자신의 기존 신념이나 가치관과 일치하는 정보는 쉽게 받아들이고, 그에 반하는 정보는 외면하거나 무시하는 인간의 보편적인 심리적 경향이다. AI 알고리즘은 이러한 확증 편향을 극대화하여 우리를 가두는 주범으로 지목된다. 알고리즘은 우리가 좋아할 만한 콘텐츠를 계속해서 추천함으로써 우리가 보고 싶은 세상만 보도록 만든다. 그 결과, 우리는 세상이 온통 나와 같은 생각을 하는 사람들로 가득 차 있다는 착각에 빠지고, 다른 의견에 대한 관용과 이해는 사라지게 된다.

이 견고한 생각의 감옥에서 벗어나기 위해 우리는 의식적이고 꾸준한 노력을 기울여야 한다.

내가 틀릴 수 있다는 가능성을 항상 열어 두고 스스로에게 질문하는 습관이 필요하다. 내 생각과 신념이 절대적인 진리가 아닐 수 있음을 인정하는 것에서부터 비판적 사고는 시작된다.

편식하지 않고 다양한 음식을 골고루 먹어야 건강을 유지할 수 있듯, 정보도 마찬가지다. 평소 내가 보던 채널, 내가 선호하던 언론사 외에 나와 다른 관점, 심지어 내가 반대하는 입장의 콘텐츠를 의도적으로 찾아보는 노력이 필요하다. 여러 검색 엔진을 사용하거나, 소셜 미디어의 추천 기능을 끄거나, 주기적으로 검색 기록을 삭제하여 알고리즘의 개인화를 초기화하는 것도 구체적인 방법이 될 수 있다.

모든 정보는 객관적인 사실과 주관적인 의견으로 이루어져 있다. 특히 감정을 자극하는 자극적인 제목의 기사일수록 사실과 의견이 교묘하게 뒤섞여 있을 가능성이 높다. 출처를 확인하고, 복수의 정보원을 교차 검증 하며, 사실 관계를 명확히 따지는 팩트 체크를 습관화해야 한다.

소셜 미디어의 짧은 글과 자극적인 콘텐츠는 우리를 자극하여 즉각적인 반응을 유도한다. 정보의 타당성과 맥락을 차분히 생각하는 시간을 갖는 것이 확증 편향의 자동반사적 작동을 막는 효과적인 브레이크가 된다.

한국은 2011년 OECD 디지털 리터러시 조사에서 19개국 중 1위를 차지했다.

그러나 세계적 선도 국가들이 AI 기술에 총력을 기울인 중요한 시기에 국가의 전략은 없었으며, 오히려 불필요한 투자를 기업에 강요하기도 했다.

핀란드는 2017년부터 2023년까지 47개 유럽 및 OECD 국가 중 미디어 리터러시 지수 1위를 차지했다. 핀란드의 성공 요인은 평생 학습 접근법, 다중 이해관계자 협업과 통합, 기술적 기능과 비판적 분석의 균형이다.

싱가포르는 대규모 실증적 연구를 통해 기준선을 설정하고, 자신들만의 체계적인 정보 평가 프레임워크를 만들었다.

핀란드식의 통합적 국가 정책과 싱가포르식의 체계적 평가 프레임워크를 참고하여 우리 상황에 맞게 적용하는 것이 필요하다.

한국은 전 세계 딥페이크 피해자 순위에서도 1위를 차지하는 심각한 상황에 직면했다. 2024년 첫 7개월 동안 297건의 딥페이크 성범죄 사건이 신고되었고, 이는 2023년 전체(180건)를 크게 넘어선다. 더 충격적인 것은, 체포된 대부분이 10대라는 점이다.

텔레그램 그룹에서는 최대 22만 명이 참여하여 음란 딥페이크 콘텐츠를 공유했고, 초등학생, 대학생, 군인을 포함한 여성들이 피해자가 되었다. 피해자들은 대인기피증과 공황장애를 겪는 등 심각한 정신적 트라우마를 경험하고 있다.

국가의 중요한 자산인 젊은 10대부터 30대까지 자살이 사망 원인 1순위를 차지하고 있으며, 특히 10대의 자살률은 OECD 평균보다 1.8배 높다.

정부 주도 AI 기반 교육 시스템으로 조기 교육부터 평생 학습까지 전 생애 주기에 걸쳐 디지털 리터러시 교육이 필요하다.

고령화 시대에 본격적으로 접어든 시기와 맞물려 고령층의 디지털 리터러시 교육이 더욱 필요하다. 디지털 격차 문제는 생존권 차원으로 발전했다. 은행 지점 폐쇄로 인한 디지털 뱅킹 전환, 정부 서비스의 완전 디지털화는 고령층을 서비스에서 배제하고 있다. 연구에 따르면 디지털 역량은 고령층 삶의 만족도와 가장 강한 상관관계를 보인다.

AI 관련 데이터 이해의 필수 용어들

AI의 작동 원리를 깊이 있게 이해하기 위해서는 몇 가지 핵심 용어에 대한 개념적 이해가 필요하다. 전문가 수준이 될 필요는 없지만, 기본적인 용어를 알아야 AI가 만드는 세상을 읽을 수 있다.

- **머신러닝(Machine Learning)**: 기계가 데이터를 통해 스스로 학습하게 하는 AI의 한 분야다. 인간이 명시적으로 모든 규칙을 프로그래밍하지 않아도 기계가 방대한 데이터 속에서 패턴을 발견하고, 미래를 예측한다. 마치 아이가 수많은 고양이 사진을 보고 '고양이'의 공통된 특징을 스스로 터득하는 것과 같다. 우리가 사용하는 이메일의 스팸 필터는 수많은 스팸 메일과 정상 메일 데이터를 학습하여 새로운 메일이 스팸일 확률을 예측한다.

- **딥러닝(Deep Learning)**: 머신러닝의 한 종류로, 인간의 뇌 신경망을 모방한 '인공신경망(Artificial Neural Network)'을 여러 겹으로 깊게(Deep) 쌓아 올린 구조를 활용한다. 더 복잡하고 추상적인 패턴을 학습할 수 있어 이미지 인식, 음성 인식, 자연어 처리 등에서 획기적인 성능을 보여 준다. 알파고, ChatGPT, 딥페이크 기술이 모두 딥러닝에 기반한다.

- **알파고(AlphaGo)와 알파고 제로(AlphaGo Zero)**: 알파고는 구글 딥마인드가 개발한 바둑 인공지능으로, 2016년 이세돌 9단을 꺾으며 세계를 놀라게 했다. 기존 알파고는 인간 기보를 학습했으나, 알파고 제로는 오로지 자가 대국을 통해 스스로 실력을 키웠다. 제로는 단 3일 만에 이전 버전을 뛰어넘는 성능을 보여주었다. 이 사례는 '인간 지식 없이도 AI가 스스로 학습하여 인간 수준을 넘어설 수 있다'라는 가능성을 증명했다.

- **신경망(Neural Networks)**: 인공신경망은 인간의 뇌 구조를 모방한 컴퓨팅 시스템이다. 신경망은 입력층, 은닉층, 출력층으로 구성되어 있으며, 각 층은 뉴런(노드)들로 이루어져 있다.

- **트랜스포머(Transformer)**: 자연어 처리(NLP, Natural Language Processing) 분야에서 큰 성공을 거둔 모델 구조로, 문장 내의 단어들 사이의 관계를 효과적으로 이해하고, 이를 통해 텍스트를 생

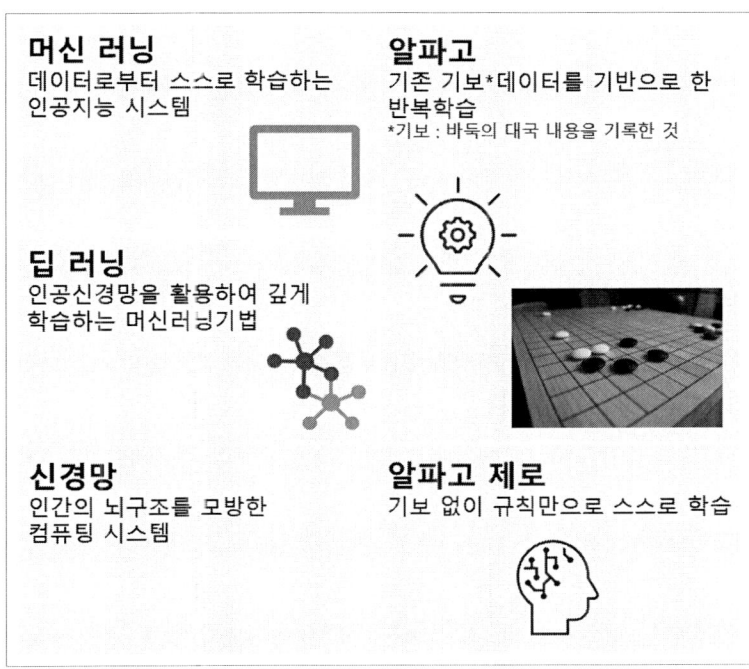

성하거나 번역한다. GPT와 BERT와 같은 유명한 모델들도 트랜스포머 구조를 기반으로 한다.

이는 생성형 AI가 인간과 유사한 창조적 능력을 발휘하는 데 중요한 역할을 한다.

- **거대 언어 모델(LLM, Large Language Model):** ChatGPT와 같은 생성형 AI의 핵심 기술이다. 인터넷의 방대한 텍스트 데이터를 학습하여 특정 단어 다음에 나올 가장 확률이 높은 단어를 예측하는 방식으로 인간과 유사한 문장을 생성하고 이해한다. LLM은

창작하는 것이 아니라, 학습한 데이터를 기반으로 한 확률적 답변을 한다는 점을 이해하는 것이 중요하다. 따라서, 사실과 다른, 그럴듯한 거짓말(환각, Hallucination)을 만들어 낼 수 있다.

- **GPT(Generative Pre-trained Transformer)**: 대화형 텍스트 생성에 특화된 대규모 언어 모델이다. 방대한 텍스트 데이터를 사전 학습하여 문맥 이해 및 생성 능력을 갖춘다. 적은 예시만으로도 새로운 작업을 수행하며, 번역, 요약, 창작 등 멀티태스킹이 가능하다. GPT-1(2018)부터 GPT-4(2023)까지 발전해 왔으며, 파라미터 수는 수십억에서 수조 개에 이른다. ChatGPT, 문서 작성 도구, 코딩 지원 등에서 널리 활용된다.

- **생성형 AI(Generative AI)**: 텍스트, 이미지, 음성, 코드 등 새로운 콘텐츠를 스스로 만들어 내는 기술이다. 방대한 데이터를 학습하여 패턴을 익힌 뒤, 이를 응용해 전혀 새로운 결과물을 생성한다. 예컨대 GPT는 글을 창작하고, DALL·E는 이미지를 그리며, TTS 기술은 사람 목소리를 흉내 낸다. 생성형 AI는 마케팅, 교육, 프로그래밍 등 다양한 분야에서 창의적 작업을 지원한다.

- **알고리즘(Algorithm)**: 어떤 문제를 해결하기 위한 절차나 방법, 명령어의 집합이다. 요리 레시피에 비유할 수 있다. 유튜브가 내 시청 기록을 바탕으로 다음 영상을 추천하는 것, 내비게이션이 최

적의 경로를 찾아 주는 것 모두 정해진 알고리즘에 따라 작동한다. 중요한 것은 알고리즘은 설계자의 의도와 가치가 반영된 결과물이며, 결코 완벽하게 중립적일 수 없다는 점이다.

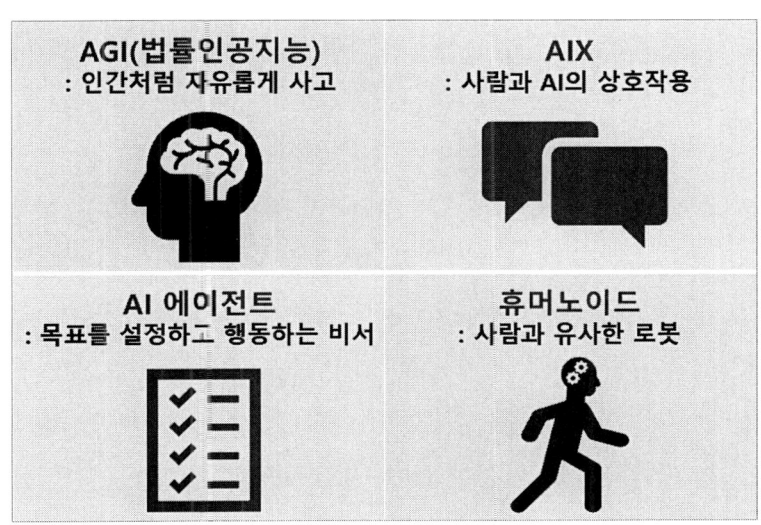

- **AGI 범용 인공지능**(Artificial general intelligence): 인간처럼 모든 분야의 문제를 자유롭게 사고하고 해결하는 범용 인공지능이다. 현재의 AI는 특정 작업에 특화된 '좁은 AI'다. 반면 AGI는 언어, 시각, 논리 등 다양한 영역에서 인간과 동등하거나 더 뛰어난 성능을 발휘할 수 있어야 한다. 아직 연구 단계며 실현되지는 않았지만, AGI가 완성되면 인류의 과학·산업·문화 전반에서 혁신을 이끌 것으로 기대된다.

- **AI 에이전트(AI Agent)**: 스스로 목표를 설정하고 계획하여 행동하는 자율 프로그램이다. 명령형 AI와 달리 사용자의 세부 지시 없이 스스로 판단하고 실행한다. 감지 단계에서 주변 정보를 수집하고, 판단 단계에서 목표 달성 방안을 검토한 뒤, 행동 단계에서 실제 작업을 수행한다. 자율 주행차, 무인 로봇, 가상 비서 등 다양한 분야에 적용된다.

- **AIX(Artificial Intelligence eXperience, 인공지능 경험)**: 사람과 AI가 상호 작용 할 때 느끼는 전체 경험을 뜻한다. 단순히 AI가 똑똑한 것만으로는 충분하지 않다. 친근하고 자연스럽게 소통하며 신뢰를 주는 인터페이스가 중요하다. AIX는 대화의 유연성, 감정 인식, 피드백 방식 등을 포괄한다. 이를 통해 사용자에게 친숙하고 믿음직한 AI 서비스를 제공하는 것이 목표다.

- **휴머노이드(Humanoid)**: 사람과 유사한 외형과 동작을 가진 로봇이다. 얼굴, 손, 다리 등의 형태를 사람처럼 설계하여 자연스러운 상호 작용이 가능하다. 주로 노인 돌봄, 안내 서비스, 재난 구조 작업 등에서 활용된다. 휴머노이드는 사람의 표정과 제스처를 인식하고 모방함으로써, 인간 사회에 스며들어 함께 일하고 돕는 것을 목표로 한다.

- **NVIDIA GPU & CUDA:** NVIDIA의 GPU와 CUDA 소프트웨어 플랫폼은 인공지능(AI) 발전의 핵심적인 역할을 수행했다. NVIDIA는 단순한 GPU 제조사를 넘어 AI 컴퓨팅 플랫폼 기업으로 진화하고 있으며, 시장 지배력을 강화하고 있다.

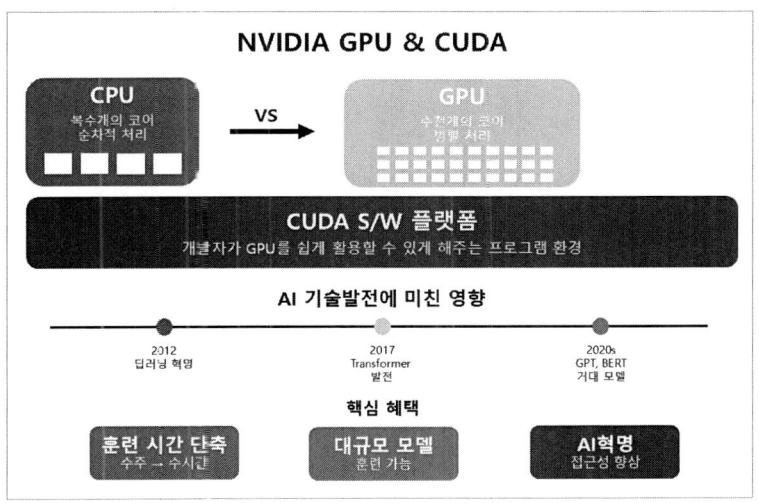

- **GPU의 병렬 처리 능력:**

    NVIDIA의 GPU는 원래 그래픽 처리를 위해 개발되었다. 딥러닝 모델 학습에는 엄청난 양의 행렬 연산과 벡터 연산이 필요한데, GPU의 병렬 처리 아키텍처가 이러한 연산을 CPU보다 훨씬 빠르고 효율적으로 수행할 수 있다는 점이 발견되었으며, 이는 AI 연구의 속도를 획기적으로 높이는 계기가 되었다.

- **CUDA(Compute Unified Device Architecture) 플랫폼:**

    CUDA는 NVIDIA가 2007년에 발표한 병렬 컴퓨팅 플랫폼이자 프로그래밍 모델이다. 개발자들은 CUDA를 통해 NVIDIA GPU의 강력한 병렬 처리 능력을 일반적인 컴퓨팅 작업에 활용할 수 있게 되었다.

    CUDA는 AI 개발에 필수적인 다양한 라이브러리와 도구들을 제공하며 강력한 개발자 생태계를 구축하였고, 주요 AI 프레임워크들이 CUDA를 우선으로 지원하고 최적화하면서, AI 개발자들에게 NVIDIA GPU와 CUDA는 사실상의 표준으로 자리 잡았다.

- **선점 효과와 지속적인 투자:**

    NVIDIA는 AI의 가능성을 일찍이 간파하고 GPU 하드웨어뿐만 아니라 CUDA 소프트웨어 생태계에 막대한 투자를 지속해 왔다.

    매년 더 강력한 성능의 AI 특화 GPU를 출시하고, CUDA 플랫폼을 꾸준히 업데이트하며 기술적 우위를 유지하고 있다.

에필로그

　초등학교 담임이던 이태웅 선생님은 문예반을 지도하셨는데, 나는 글짓기를 좋아했다. 선생님 지도로 백일장 대회에서 입상도 하고 어린이 신문에서 큰 상을 받은 적도 있었는데, 선생님이 "너는 꼭 글 쓰는 사람이 되거라." 하신 말씀이 지금까지도 뇌리에 남아 있다. 그러나 당시는 전국 마지막 중학교 입시를 치러야 했던 시절이었고, 초등학교 고학년 때부터 나는 수험생이었다.
　암기식 공부에 길들면서 글쓰기와는 점차 멀어졌다. 고등학교 졸업반 때 교지 편집장이던 친구의 부탁으로 짧은 콩트 하나를 쓴 것이 마지막이었다.
　세월이 흘러 몇 년 전, 스스로 책을 써 보겠다며 온라인 출판 과정을 들었다. 함께한 15명 중 나를 제외하고는 모두 책을 완성했다. 대부분 자서전이나 개인 경험을 기록한 글이었지만, 나는 소설을 쓰려 했기에 쉽지 않았다. 오히려 그 시간을 통해 누구나 마음속에 창작의 열망을 품고 있음을 실감할 수 있었다.
　조정래, 황석영, 김훈 같은 작가들의 책을 읽고 따라 써 보기도 하면서 시도했지만, 그들의 언어와 세계 앞에 번번이 주눅만 들었다.

그러다 2025년에는 AI의 도움을 받아 오래 미뤄 둔 소설을 써 보기로 계획을 세웠다. 하지만 불확실한 세상에서 하루하루를 살다 보면 전문 작가가 아닌 내가 소설을 쓴다는 것이 한가한 일이라는 생각도 든다. 특히 비상계엄 이후 내란 정국이 이어지면서, 매일 아침에는 〈김어준의 뉴스공장〉, 저녁에는 〈MBC 뉴스데스크〉를 챙겨 보고, 〈매불쇼〉, 〈강성범 TV〉, 〈뉴스타파〉, 〈스픽스〉, 〈뉴탐사〉 등의 유튜브 채널들을 찾아다녀야 했다. 불안한 시국에서 나름의 팩트 체크가 필요했기 때문이다. 이명박 시절, '나꼼수'나 '노유진' 팟캐스트를 찾아 듣던 때와 비슷하다.

앞으로 우리가 살아갈 세상이 만만하지 않다.
크고 작은 전쟁들과 세계 곳곳에서 벌어지는 자연재해, 극우 파시즘의 부활, 경제 불황, 급속한 AI 발전에 따른 새로운 세상에 적응하며 살아가야 하는 미래가 불확실하다. 재수 없으면 병을 달고 돌봄을 받으면서, 너무 오래 살 수 있다는 우려도 가끔 한다.
AI가 급속히 발전된 미래의 어느 날, 국군 통수권자인 트럼프나 네타냐후, 윤석열 같은 대통령이 전권을 행사한다면 너무 쉽게 전쟁이 일어날 수 있다. 더구나 앞으로의 전쟁은 사소한 국지전이라도 치명적인 결과를 가져올 것이다.
그렇지만 이왕 사는 인생, 조금 더 유능하고 AI보다 더 높은 상식과 감정을 가진 한 인간으로서 즐겁게 살아갈 자격이 있다는 생각도 한다. 빠르게 변하는 세상에서 자신의 정체성을 다지고 서로의 마음을 이해하며 함께 살아가는 재미도 있을 것이다.

우리 사회의 분열을 좌파 대 우파 또는 진보 대 보수의 대결로 그럴듯하게 분석하지만, 실상은 시민의식과 식민의식의 싸움으로 보인다.

미국의 노예 시절을 그린 영화를 보면 가혹하고 무서운 주인들에겐 절대복종하다가, 인간적이고 민주적인 주인이 나타나면 반항하는 노예들의 습성을 볼 수 있다. 이들 중엔 주인에게 충성하며 동료 노예들을 감시하고 훈육하며 배불리 살아가는 집사 노예들도 있다.

독재 시절엔 불의에 숨죽이고 살다가 민주 정부만 들어서면 분노를 폭발하는 극우 세력과 이들을 부추기는 일부 지식인, 언론들을 보면 우리 사회도 근원적인 역사 정리가 필요하다는 생각이 든다.

우리는 국가를 볼모로 사적 이익을 추구하는 정치인과 권력기관, 부패한 기득권 세력을 정리하는 역사를 한번은 써야 한다.

김갑수 평론가는 "내가 가장 존경하는 대통령은 김대중, 가장 사랑하는 대통령은 노무현"이라는 말을 했다. 많은 사람이 공감하는 표현이다.

가장 존경받고 사랑받은 두 대통령의 10년 업적은 삽시간에 무너져 내렸다. 김대중 정부는 '국민 대화합'과 '경제 위기 극복'이라는 명분이 워낙 커서, 전두환을 비롯한 독재 세력을 청산하지 못했다. 이는 한국 민주주의의 구조적 약점이자 주권자인 국민에게 깊은 무력감을 안긴 역사적 부채다.

김대중은 노무현의 죽음에 "내 몸의 반이 무너지는 것 같다"라고 할 만큼 큰 충격을 받았다. 영결식장에서 통곡하던 노정객의 회한과 분노를 기억한다. 그의 건강은 급속히 악화했고, 결국 몇 달 만에 그 뒤를 따랐다.

유언과도 같은 그의 마지막 연설에서 "노무현 전 대통령이 그렇게 고초를 겪을 때 500만 명 문상객 중 50만 명만 나섰어도 그런 일은 없었을 것"이라는 말과 함께 "행동하지 않는 양심은 악의 편"이라고 강조했다.

한강의 작품은 국가 폭력에 희생된 사람들의 고통과 기억을 통해 역사적 비극 속에서도 인간의 연대와 사랑을 조명한다. 역사적 상처를 현재와 연결하며, 기억과 증언의 중요성을 문학적으로 표현한다. 이는 한국에 국한되지 않고, 홀로코스트 등의 세계사적 비극과도 연결된다. 인간의 폭력성과 연약함, 집단적 트라우마와 치유의 가능성에 대해 세계적 공감을 불러일으켰다.

민주주의는 단순히 주어지는 것이 아니라 수많은 사람의 희생과 투쟁을 통해 얻어진다. 민주주의는 완성된 체제가 아니라, 지속해서 지키고 발전시켜야 할 가치다. 비상계엄과 내란 정국을 지내면서 우리의 헌법과 법률이, 각종 제도가 주권자인 국민의 눈엔 너무 무기력해 보인다. 이를 가장 빠르고 쉽게 해결하기 위해 이 책에서 나는 객관적인 AI 기술을 현재의 시스템에서라도 활용해 나갈 것을 제안한 것이다.

AI의 객관성과 효율성이 사법 시스템의 신뢰를 회복하고 역사의 진실을 신속하게 규명하며, 국민적 동의를 이끌어 낼 수 있는 해법이 될 수 있다.

내란 정국과 관련된 사건은 방대한 양의 디지털 증거(금융 거래, 통신 기록, 영상 등)를 포함한다. 이를 신속하고 정확하게 분석하여 인간의 업무 부담을 경감하고 재판 지연을 막는 것이 중요하다. AI는 이 과정에서 핵심적인 역할을 수행할 수 있다.

AI 기반 디지털 포렌식 기술은 수백만 건의 금융 거래 데이터를 분석하여 의심스러운 패턴을 탐지하고, 삭제된 파일을 복원하며, 딥페이크와 같이 조작된 증거를 판별하는 데 활용될 수 있다.

국민의 사법 불신은 판결에 대한 불투명성에서 비롯되는 경우가 많다. AI는 이러한 불투명성을 해소하여 사법부의 신뢰를 높이는 데 이바지할 수 있다. 재판 과정에서 AI가 활용한 데이터와 분석 과정을 재판 당사자와 국민에게 공개하고, 법관의 공정한 판단 근거를 제공하는 것이다.

내란 정국에 대한 역사적 진실을 밝히기 위해, 공개가 제한되는 대통령 기록물이나 국가 안보를 이유로 비공개하는 정보도 공개 범위와 절차를 명확히 하여 접근할 수 있어야 한다.

국가적 위기 상황에서 AI는 정의를 구현하는 존재가 아니라 복잡한 사실관계를 정리하고 증거를 분석하며, 국민의 참여를 위한 정보 플랫폼을 구축하는 협력자로서의 임무를 수행하는 것이다.

내란 심판에 소극적인 지금의 사법부가 주도하는 AI 플랫폼 구축은 대단히 위험할 수 있다.

내란 사건에 투입될 특별재판부가 AI 기반 시스템을 먼저 도입하여 신속한 재판을 할 수 있어야 한다. 이를 계기로 AI 활용에 대한 사회적 합의와 법적·윤리적 기반을 마련하여 장기적으로 AI 시스템을 사법 전반으로 확대하는 것이 바람직하다.

AI 시스템을 통해 수집되고 분석된 모든 정보를 실시간으로 공개하면 국민이 직접 진행 상황을 확인하고 판단할 수 있다. 복잡한 법률 용어나 절차를 일반인이 이해하기 쉬운 형태로 변환하여 제공함으로써, 사법 절차에 대한 국민의 접근성을 크게 높일 수 있다. 또한 AI는 24시간 언제든지 국민의 질문에 답하고 관련 정보를 제공할 수 있어 시간적·공간적 제약을 뛰어넘는 소통이 가능하다.

내란과 같은 복합적이고 전례 없는 사건의 경우, 과거의 정형화된 경험만으로는 합당한 판결을 하기 어렵다. 법관은 시대적 정의와 특수한 상황을 고려한 전문 지식과 함께 국민의 신뢰를 받을 만한 인물이어야 한다.

역사의 진실을 밝히고 합당한 처벌을 하기 위해서는 제도적 개혁과 국민적 동의가 동시에 필요하다. 내란과 외환을 옹호하는 세력에 대해 엄중히 처벌하지 않으면 역사는 같은 오류를 반복한다. 정부와 국회는 합헌적 설계를 통한 특별재판부 설치와 국민이 참여할 수 있는 재판으로 대한민국 현대사 최초의 진실 규명과 합당한 처벌을 신속히 매듭지어야 한다.

민주주의 회복력은 법률의 기술이 아니라, 국민의 기억과 참여 그리고 제도의 개방성에 의해 완성될 것이다.